역사순 365일 하나님과 동행하는 말씀대행진

1년1독 성경통독

4권(10~12월)

조병호 지음

통독원

C·O·N·T·E·N·T·S

10월 October

11월 *November*

날짜	순서	범위	제목
1	305	눅 21~22장	최후의 만찬
2	306	눅 23~24장	영광과 평화로의 초대
3	307	요 1~3장	들러리의 기쁨
4	308	요 4~6장	영원한 생명수이신 예수
5	309	요 7~8장	죄인을 감싸주시는 예수
6	310	요 9~11장	선한 목자이신 예수
7	311	요 12~13장	새 계명을 주심
8	312	요 14~15장	예수의 고별 설교
9	313	요 16~17장	제자들을 위한 예수의 기도
10	314	요 18~19장	예수의 십자가 사역
11	315	요 20~21장	부활하신 주님을 만난 제자들
12	316	행 1~2장	증인이 된 제자들
13	317	행 3~5장	세워지는 초기교회
14	318	행 6~9장	그리스도인 핍박과 열방을 향한 흩어짐
15	319	행 10~12장	베드로와 고넬료의 만남
16	320	행 13장~15:35	1차 전도여행과 예루살렘 공의회
17	321	행 15:36~18:22	2차 전도여행
18	322	살전 1~5장	믿음의 진보를 이루라
19	323	살후 1~3장	수고하여 구원을 이루어가라
20	324	갈 1~3장	진리 안에서 자유하라
21	325	갈 4~6장	성령의 열매를 맺으라
22	326	행 18:23~19장	3차 전도여행
23	327	고전 1~4장	십자가의 도
24	328	고전 5~8장	교회를 위한 권면
25	329	고전 9~11장	스스로 권리를 포기한 바울의 당부
26	330	고전 12~14장	성령이 주신 은사
27	331	고전 15~16장	그리스도의 부활과 연보
28	332	고후 1~4장	너희는 그리스도의 편지
29	333	고후 5~9장	그리스도인의 구별된 삶
30	334	고후 10~13장	바울의 참된 자랑

12월 December

날짜	순서	범위	제목
1	335	행 20:1~6, 롬 1~3장	복음에 빚진 자
2	336	롬 4~7장	은혜 안에 거하는 그리스도인
3	337	롬 8~11장	끊을 수 없는 하나님의 사랑
4	338	롬 12~14장	그리스도인의 새로운 삶
5	339	롬 15~16장	땅 끝 비전과 받음직한 섬김
6	340	행 20:7~23장	마지막 예루살렘 방문
7	341	행 24~26장	가이사랴에서의 2년
8	342	행 27~28장	로마 교인들과의 만남
9	343	엡 1~3장	기쁘신 뜻대로 예정하신 구원
10	344	엡 4~6장	그리스도 안에서 하나 됨
11	345	빌 1~4장	고난 중의 기쁨과 감사
12	346	골 1~4장	우주의 주권자 예수 그리스도
13	347	몬 1장	기적의 편지
14	348	딤전 1~6장	예수의 선한 일꾼
15	349	딛 1~3장	희망의 상속자
16	350	딤후 1~4장	복음과 함께 고난 받으라
17	351	히 1~4장	오직 완전하신 예수 그리스도
18	352	히 5~10장	율법의 완성이신 예수
19	353	히 11~13장	삶으로 증거되어야 할 이름, 예수
20	354	약 1~5장	행함, 믿는 자의 움직임
21	355	벧전 1~5장	소망의 반석
22	356	벧후 1~3장	거짓 교훈을 물리쳐라
23	357	유 1장	믿음을 위한 투쟁
24	358	요일 1~5장	하나님은 사랑이시다
25	359	요이 1장, 요삼 1장	사랑과 진리의 조화
26	360	계 1~3장	교회를 위한 성령의 권면
27	361	계 4~7장	오직 한 분을 위한 노래와 일곱 인
28	362	계 8~11장	일곱 나팔의 심판과 순교자들
29	363	계 12~15장	하나님의 역사와 위로
30	364	계 16~18장	공의로운 심판과 준비된 미래
31	365	계 19~22장	만물에 깃든 하나님의 기쁨

소그룹예배 Worship

10

October

October
10/1
274

창세기 말라기

에스라 7~8장

에스라의 결심

Tong Point 하나님의 율법을 연구, 준행하며 백성에게 가르치기로 결심한 에스라는 그 사명을 마음에 품고 예루살렘으로 귀환합니다.

찬양

주의 말씀 받은 그 날
새 찬송가 285장 <통 209장>

하나님의 마음 보기

1차 포로 귀환이 있은 지 약 80년 후(B.C.458년), 아닥사스다 왕이 페르시아 제국을 다스릴 때에 유대인들의 2차 귀환을 인도한 사람은 학자 겸 제사장인 에스라입니다. 자신을 소개하는 글을 쓰며 자신으로부터 16대 조상 아론에게까지 족보를 거슬러 올라갈 수 있을 만큼, 에스라는 역사에 정통하였으며 율법 연구에 익숙한 학자였습니다. 뿐만 아니라 그는 페르시아 왕과도 친분이 두터울 만큼 높은 사회적 지위에 올라있었습니다. 페르시아에서 편하고 안정적인 삶을 누릴 수 있는 조건을 갖춘 그가 "이스라엘 자손과 제사장들과 레위 사람들과 노래하는 자들과 문지기들과 느디님 사람들 중에 몇 사람"(스 7:7)과 함께 예루살렘으로 돌아갈 것을 결심합니다.

에스라는 고된 여행길을 마다하지 않고 예루살렘으로 귀환합니다. "여호와의 율법을 연구하여 준행하며 율례와 규례를 이스라엘에게 가르치기로 결심"(스 7:10)하였기 때문입니다. 그는 하나님의 백성으로 택함을 받은 이스라엘 백성에게 가장 중요한 것이 무엇인지 잘 알고 있었습니다. 에스라 8장에는 에스라를 중심으로 한 2차 귀환자들의 명단이 소개되고 있습니다. 이들은 이후 이스라엘 공동체를 재건함에 있어서 에스라를 중심으로 말씀 운동을 일으키는 중요한 사람들입니다.

각 장의 중요 Point

7장 _ 아론의 자손
8장 _ Come Back

나를 위한 기도

하나님을 알아가는 것이 단지 머릿속의 지식으로 그치지 않고 나의 손과 발의 헌신을 통해 아름다운 실천으로 이어지는 것임을 알아가게 하소서.

공동체를 위한 기도

하나님의 율법을 연구하고 준행하며 백성들을 가르쳤던 에스라처럼, 이 시대의 교회 공동체가 하나님의 말씀을 가르치는 일에 더 큰 열심을 품게 하소서.

전도대상을 위한 기도

하나님의 마음 알아가기

삶으로 실천하기

October
10/2
275

창세기 말라기

에스라 9~10장

개혁을 위하여

Tong Point 민족의 죄를 자신의 것으로 받아들여 회개하는 에스라를 시작으로 하나님의 언약과 율법에 기반한 개혁의 주춧돌이 놓입니다.

찬양

주 예수 내 맘에 들어와
새 찬송가 289장 〈통 208장〉

하나님의 마음 보기

에스라의 예루살렘 귀환은 성전 재건 이후 새로이 세워지기 시작한 이스라엘 공동체가 하나님의 율법에 기초하여 기반을 확립하는 데 큰 계기가 됩니다. 하나님의 백성이 다시금 말씀으로 바로 세워져가는 것입니다. 그런데 예루살렘에 도착한 에스라의 눈에 하나님의 명령을 거역하는 이스라엘 백성의 모습이 발견됩니다. 이방 여인을 취하여 아내와 며느리로 삼고, 이방인의 잘못된 풍습을 여전히 따르고 있는 사람들을 보며 에스라는 자기 민족의 죄를 자신의 죄로 고백하고 하나님 앞에 엎드려 회개합니다. 오랜 세월 동안 하나님께서 어떻게 이스라엘에게 긍휼을 베풀어주셨는지 잘 알고 있는 그가 보기에는 이스라엘이 지금 저지르고 있는 죄악은 도저히 용납할 수 없는 것이기 때문입니다. 자신이 결코 하나님께 나아갈 수 없는 죄인이라는 것을 깊이 깨닫고 회개하는 에스라를 시작으로 이스라엘 전체에 회개 운동이 일어납니다.

에스라의 회개 기도를 들은 이스라엘 백성이 함께 통곡하며 그들이 취한 이방 여인들을 떠나보내는 것에 동의합니다. 제사장들을 비롯한 레위인들, 백성들이 이방 아내들을 모두 떠나보내고, 앞으로는 하나님의 말씀을 따라 살기로 맹세합니다.

각 장의 중요 Point

9장 _ 통곡
10장 _ 소망의 빛

나를 위한 기도

죄를 미워하시고 싫어하시는 하나님의 마음을 헤아림으로 오늘도 나의 삶 가운데 죄악의 요소들을 끊어내게 하소서.

공동체를 위한 기도

민족의 죄를 자신의 것으로 받아들여 회개의 기도를 드렸던 에스라와 같이, 이 땅의 교회가 이 나라와 민족을 위해 회개하며 기도하게 하소서.

전도대상을 위한 기도

하나님의 마음 알아가기

삶으로 실천하기

October
10/3
276

창세기 말라기

느헤미야 1~3장

최종목표를 위한 중간목표

Tong Point 동족의 형편을 물을 줄 알았던 느헤미야는 황폐한 예루살렘 성벽을 재건하겠다는 최종목표를 위해 중간목표를 세웁니다.

찬양

갈 길을 밝히 보이시니
새 찬송가 524장 〈통 313장〉

하나님의 마음 보기

예루살렘의 피폐한 상황과 동포들이 당하고 있는 고난에 대해 소식을 들은 느헤미야는 수일 동안 앉아서 울고 슬퍼하며, 금식하고 기도합니다. 하나님께 기도하였던 대로 술 맡은 관원이 된 느헤미야는 어느 날 결심을 하고 왕 앞에 나아가 술잔을 드립니다. 그런데 그는 평소와 달리 그의 얼굴에 수심을 가득 내비칩니다. 당시 페르시아 법에는 신하가 왕 앞에서 근심을 표현하면 왕을 해하려는 것으로 의심을 받아, 죽임을 당할 수 있음에도 불구하고 느헤미야는 수심을 표현한 것입니다. 이유를 묻는 왕에게 느헤미야는 "내 조상들의 묘실이 있는 성읍이 이제까지 황폐하고 성문이 불탔사오니 내가 어찌 얼굴에 수심이 없사오리이까?"(느 2:3)라고 답합니다. 왕이 "그러면 네가 무엇을 원하느냐?"(느 2:4)라고 묻습니다.

그 순간 그는 곧바로 하늘의 하나님께 잠깐 묵도한 후, 예루살렘 지역에 자신을 총독으로 파견해주고, 성을 중건하도록 허락해달라고 요청합니다. 그리고 왕으로부터 모든 지원을 허락받습니다. 수개월의 행보를 통해 예루살렘에 도착한 느헤미야는 백성들을 예루살렘에 모아놓고 설득합니다. 그러자 백성들이 느헤미야의 뜻을 수용하여 함께 성벽 재건을 시작하기로 마음을 모읍니다.

각 장의 중요 Point

1장 _ 미해결 과제
2장 _ Stand By
3장 _ 위치로!

나를 위한 기도

하나님의 눈길이 머무는 연약한 사람들이 나의 사랑의 실천을 통해 기뻐할 수 있도록 오늘도 선한 도구로 나를 사용하소서.

공동체를 위한 기도

동족의 형편을 물을 줄 알았던 느헤미야처럼, 고통당하는 이웃들의 형편을 살피고 이웃의 기쁨을 채워가는 교회 공동체가 되기를 원합니다.

전도대상을 위한 기도

하나님의 마음 알아가기

삶으로 실천하기

October 10/4

277

창세기 말라기

느헤미야 4~7장

성벽 재건을 위한 열심

Tong Point 위기를 기회로 바꾸는 느헤미야의 리더십, 그리고 함께 땀 흘리며 수고한 백성의 노력으로 마침내 예루살렘 성벽이 완성됩니다.

찬양

우리들이 싸울 것은
새 찬송가 350장 <통 393장>

하나님의 마음 보기

느헤미야의 결단으로 시작된 성벽 재건은 곧 내우외환(內憂外患)의 장애물에 부딪치고 맙니다. 첫 번째 장애물은 예루살렘의 피폐한 상황을 이용해 자신들의 이익을 챙기려는 산발랏과 도비야 같은 사람들의 방해입니다. 그러나 느헤미야와 백성들은 이에 굴하지 않고 한 손에는 연장, 또 한 손에는 칼을 들고 위기에 대처해갑니다. 이에 방해자들은 느헤미야를 오노 평지로 불러내어 암살할 계획까지 세웁니다. 또한 반역을 꾸미고 있다고 왕에게 고하겠다며 느헤미야를 협박합니다. 그러나 느헤미야는 그들의 이런 거짓 협박에 넘어가지 않습니다.

성벽 재건의 두 번째 장애물은 이스라엘 공동체 내부에 있었습니다. 어려운 형편 탓에 부한 자들에게 고리대금을 얻었던 가난한 사람들이 빌린 돈을 갚을 수 없게 되자 자식을 종으로 팔아야 하는 상황에까지 이른 것입니다. 그러자 느헤미야는 귀족들과 민장들을 불러 종으로 팔려갈 형편의 동포들을 돌려보내도록 설득합니다. 아울러 느헤미야는 자기 식탁으로 공동체 지도자들을 초청하여 내부 결속을 다집니다. 그리고 자신은 총독 재임 기간인 아닥사스다 왕 20년부터 32년까지 총독의 녹을 받지 않는 솔선수범을 보입니다.

각 장의 중요 Point

4장 _ 방해공작　　5장 _ 지도자의 기준
6장 _ 목표달성　　7장 _ 최종목표를 향하여

나를 위한 기도

하나님의 일을 하는 중에 때로 어려움을 당하고 주변 사람들의 이해를 받지 못한다 해도 흔들리지 않고 나아갈 수 있는 믿음을 주소서.

공동체를 위한 기도

위기를 기회로 바꾸며 성벽 재건의 꿈을 이루었던 느헤미야의 헌신을 기억하며, 위기 때에 더욱 힘을 내는 공동체가 되게 하소서.

전도대상을 위한 기도

하나님의 마음 알아가기

삶으로 실천하기

October
10/5
278

창세기 — 말라기

느헤미야 8~10장

초막절을 기념한 신앙사경회

Tong Point 예루살렘 성벽 건축 후 에스라와 느헤미야는 힘을 합해 백성에게 모세의 율법을 들려주고 초막절을 지킵니다.

찬양

주 예수 넓은 사랑
새 찬송가 497장 〈통 274장〉

하나님의 마음 보기

고통당하는 동족을 위해 예루살렘 성벽을 재건하기로 결심하고 작업에 착수한 느헤미야는 흔들림 없이 최종목표를 실현해나갑니다. 그 최종목표 중 하나가 성벽 낙성식 기념으로 행했던 말씀 교육을 통해 실현되고 있습니다. 이는 이스라엘 백성의 생각을 하나님의 말씀 기반 위에서 새롭게 하는 일이었습니다. 총독 느헤미야는 백성들을 모으는 일을 하고, 제사장 에스라는 신앙 운동을 주도하는 일을 맡았습니다. 성벽 낙성식에서 드러나는 이 두 사람의 협력이 참으로 아름답습니다.

하나님께 나아온 이스라엘 백성은 하나님의 뜻을 깨닫고, 모두 모여 금식하며 굵은 베 옷을 입고 참회의 눈물을 흘리기 시작합니다. 말씀을 들은 백성들이 죄를 깨닫기 시작함으로써 예루살렘에 큰 회개 운동이 일어납니다. 그들의 회개는 지금까지의 역사에 대한 회상과 기도로 이어집니다. 느헤미야 9장의 기도에 나타난 하나님의 성품은 '긍휼'입니다. 이 기도는 장구한 세월 동안 이스라엘이 저지른 죄악을 되짚어보는 동시에, 끊임없이 그들을 사랑하셨던 하나님의 긍휼과 은혜를 깨닫게 합니다. 에스라의 말씀 운동은 백성들의 회개로 이어졌고, 하나님의 율례와 규례를 지키려는 실천 운동으로 나아갔습니다.

각 장의 중요 Point

8장 _ 성경통독운동
9장 _ 긍휼과 은혜의 숲
10장 _ 궐기대회

나를 위한 기도

교회의 절기를 통해서 주시는 하나님의 은혜를 이웃들과 함께 나누게 하시고 말씀을 가까이 함으로 하나님의 마음을 깊이 알게 하소서.

공동체를 위한 기도

에스라와 느헤미야가 힘을 합해 백성들에게 모세의 율법을 들려주었듯이, 이 땅의 모든 교회가 마음을 모아 온 세상에 하나님의 말씀을 잘 전하게 하소서.

전도대상을 위한 기도

하나님의 마음 알아가기

삶으로 실천하기

October
10/6
279

창세기 — 말라기

느헤미야 11~13장

하나님의 기쁨과 이웃의 기쁨

Tong Point 오랜 기다림 끝에 마침내 재건된 예루살렘 성벽의 봉헌식은 약자들의 기쁨과 하나님의 기쁨이 충만한 시간이었습니다.

찬양

네 맘과 정성을 다하여서
새 찬송가 218장 〈통 369장〉

하나님의 마음 보기

150여 년 전, 초토화된 예루살렘을 목도하며 예레미야는 애가를 불렀습니다. 그는 눈을 감아도 사라지지 않고, 귀를 막아도 들려오는 그 아픔과 슬픔을 눈물의 노래로 표현하였습니다. 그런데 오늘 이 역사의 현장에서 그 애가가 기쁨과 감사의 노래로 바뀝니다. 성벽 봉헌식을 드리며 백성들이 크게 기뻐하고 그 소리가 예루살렘에 진동합니다. 느헤미야는 이 때의 즐거움을 "이 날에 무리가 큰 제사를 드리고 심히 즐거워하였으니 이는 하나님이 크게 즐거워하게 하셨음이라 부녀와 어린 아이도 즐거워하였으므로 예루살렘이 즐거워하는 소리가 멀리 들렸느니라"(느 12:43)라고 기록하고 있습니다.

느헤미야가 그렇게 수고하고 애써서 이루고자 했던 것은 성벽 재건 그 자체가 아니었습니다. 성벽 재건이란, 튼튼한 보호막이 없으면 안 되는 연약하고 힘없고 가난한 사람들을 위해 안전장치를 만들어주는 작업이었습니다. 150여 년 전에 무너졌던 울타리를 다시 쌓아 약한 이웃들의 웃음을 만드는 이 놀라운 기쁨, 이것이 그의 최종목표였습니다. 이웃의 기쁨과 약한 자의 기쁨, 바로 하나님의 기쁨입니다. 느헤미야를 중심으로 한 성벽 재건과 에스라를 중심으로 한 신앙 개혁으로 예루살렘은 신앙의 중심지가 되었고, 그곳에 하나님께서 주시는 큰 기쁨이 넘쳐납니다.

각 장의 중요 Point

11장 _ 집으로…
12장 _ 기쁨의 메아리
13장 _ 개혁은 계속되어야 한다

나를 위한 기도

주님의 몸 된 교회를 위해 기꺼이 자원함으로 헌신할 수 있는 용기를 주시고 주님의 충직한 도구로 쓰임 받아 생명책에 이름이 남게 하소서.

공동체를 위한 기도

새롭게 재건된 예루살렘 성벽이 하나님의 기쁨은 물론이요 약자들의 큰 기쁨이 되었듯이, 이 땅의 교회 공동체가 하나님과 이웃의 기쁨이 되기를 원합니다.

전도대상을 위한 기도

하나님의 마음 알아가기

삶으로 실천하기

October 10/7

280

창세기 — 말라기

말라기 1~4장

천오백 년 사랑의 아쉬움

Tong Point 천오백 년간 이스라엘을 향해 변함없으셨던 하나님의 사랑이 백성의 무관심과 무지로 인해 거절당하고 맙니다.

찬양

죄짐을 지고서 곤하거든
새 찬송가 538장 〈통 327장〉

하나님의 마음 보기

성전과 성벽이 재건축된 이후, 재건공동체는 더 이상 우상숭배는 하지 않습니다. 그런데 안타깝게도 시간이 갈수록 하나님과의 관계는 냉소적으로 변해갑니다. 그래서 말라기의 분위기는 쓸쓸합니다. 하나님께서는 이스라엘을 천 년을 하루같이 사랑하셨는데, 이스라엘 백성은 하나님을 사랑한 기간보다는 하나님을 등진 기간이 더 많았던 것입니다. 하나님께서 먼저 말씀하십니다. "내가 너희를 사랑하였노라." 그들이 대답합니다. "주께서 어떻게 우리를 사랑하셨나이까?"(말 1:2).

하나님께 드리는 제단에 더러운 떡을 놓고, 눈 먼 것, 저는 것, 병든 것을 제물로 바치는 등 기계적인 예배를 드리고, 우상숭배, 하나님의 공의에 대한 의심, 하나님의 것인 십일조와 헌물을 도둑질하는 것, 하나님을 경외하지 않고 완악한 말로 대적하는 죄 등 그들의 죄악은 손으로 다 꼽을 수가 없을 정도입니다. 이는 이스라엘 전체에 만연해 있는 죄악 된 모습이었습니다. 그럼에도 불구하고 하나님께서는 그들을 사랑하셨건만, 그들은 "주께서 어떻게 우리를 사랑하셨나이까?"라고 반문하고 있습니다. 이제 하나님께서는 4백여 년의 긴 침묵을 시작하십니다.

각 장의 중요 Point

1장 _ 사랑했는데…　　2장 _ 걸림돌
3장 _ 멸시　　4장 _ 히든카드(Hidden Card)

나를 위한 기도

하나님에 대한 나의 무관심과 무지를 불쌍히 여기시고 하나님의 사랑을 가슴 깊이 새기며 늘 기억하게 하소서.

공동체를 위한 기도

천오백 년 사랑의 아쉬움을 독생자를 내어놓으시는 놀라운 사랑으로 바꿔주신 하나님, 그 사랑을 온 세상에 전하는 복된 공동체가 되게 하소서.

전도대상을 위한 기도

하나님의 마음 알아가기

삶으로 실천하기

Worship

소그룹예배

성벽 재건을 통한 기쁨 나누기

에스라 7-10장, 느헤미야, 말라기

기도로 예배를 시작합니다.

이 시간, 우리가 함께 모여 하나님께 드리는 이 예배를 기뻐 받아주시고, 예배드리는 가운데 하나님의 마음과 뜻을 깨달아 알 수 있도록 지혜를 주소서.

함께 **찬양**을 부르세요.

"너 하나님께 이끌리어" 새 찬송가 312장 〈통 341장〉

성경을 **소리 내어** 함께 읽고 오늘 본문의 **통通 이야기**를 들려주세요.

*느헤미야 12장 43-47절

느헤미야가 백성들과 더불어 힘을 합해 예루살렘 성벽 재건을 완공했습니다. 모든 백성이 하나님께 큰 제사를 드리고 심히 즐거워했습니다. 참으로 큰 기쁨의 날을 맞이했습니다. 하나님과 이웃의 기쁨을 실천하고 나눈 참으로 복된 이야기입니다.

말씀을 통해 알 수 있는 하나님의 마음을 생각하며 함께 마음을 나눕니다.

* 하나님께서는 우리 인생의 성벽이 튼튼하기를 원하십니다. 날마다 새롭게 하나님의 말씀 안에서 우리를 보호하는 성벽을 잘 쌓아봅시다.

* 우리 인생의 성벽이 견고해지는 것은 나 혼자만을 위한 것이 아니라 우리 주변에 있는 많은 사람들과 함께 즐거움을 나누기 위함입니다. 이를 위해 좋은 계획을 세워봅시다.

서로 축복의 말을 함께 나눕니다.

"하나님의 은총 안에서 잘 지어지는 인생, 모두에게 기쁨을 주는 인생 되기를 바랍니다."

함께 기도하며, 연이어 주님이 가르쳐주신 기도로 예배를 마칩니다.

우리의 인생이 하나님의 거룩하신 뜻 안에서 잘 지어지게 해주소서. 하나님 나라와 의를 위해 아름답게 쓰임 받는 하나님의 자녀 되기를 소망합니다.

마태복음 요한계시록

October
10/8
281

마태복음 1~4장

약속의 결정체, 예수

Tong Point 하나님께서는 태초부터 계획하신 온 인류 구원의 약속을 실현하시고자 독생자 예수 그리스도를 이 땅에 보내십니다.

찬양

그 크신 하나님의 사랑
새 찬송가 304장 <통 404장>

하나님의 마음 보기

마태복음 1장은 아브라함부터 다윗, 다윗부터 바벨론 포로기, 바벨론 포로기부터 예수 그리스도에게로 이어지는 계보를 정리하고 있습니다. 마태는 1절에 아브라함과 다윗, 그리고 예수님, 이렇게 세 명의 이름으로 구약 2천 년을 담아내고 있습니다. 또한 많은 왕들 중 유독 다윗에게만 '왕'이라는 칭호를 붙여 다윗을 최대한 높여주었습니다. 그리고 이 족보에는 5명의 여인이 나오는데, 다른 사람들은 모두 이름으로 적은 것과 달리, 유독 밧세바를 '우리야(우리아)의 아내'라고 적고 있습니다. 우리야의 아내 밧세바를 범한 잘못을 감추고 싶어서 충직한 신하였던 우리야를 전쟁으로 내몰아 죽인 다윗의 죄를 드러낸 것입니다. 이는 유대인들이 그토록 추앙하는 위대한 왕 다윗이라 할지라도 예수님의 십자가 보혈로 죄 사함을 받아야 할 한 사람의 죄인에 불과하다는 것을 강조하기 위해서였습니다. 모든 사람이 그분의 이름 앞에 꿇어 경배함이 마땅하다는 것이 마태가 하고 싶은 이야기입니다.

예수님께서 유대 땅 베들레헴에 나실 때 동방박사들과 목자들이 찾아와 아기 예수님의 탄생을 축하하며 기뻐했습니다. 예수님께서는 그 후 나사렛에서 자라신 후 세례 요한에게 세례를 받으시고, 천국을 전파하시며 공생애를 시작하십니다.

각 장의 중요 Point

1장 _ 그 이름 예수　　2장 _ 뜻밖의 방문
3장 _ 하늘의 소리　　4장 _ 시험을 이기고 지금 이 땅에

나를 위한 기도

나를 사랑하셔서 하나님의 독생자 예수 그리스도를 주심에 늘 감사하며 감격하는 신앙으로 살게 하소서.

공동체를 위한 기도

하나님께서 태초부터 계획하신 온 인류 구원의 약속을 실현하시기 위해, 사랑의 결정체로 예수 그리스도를 보내셨음을 기억하는 공동체가 되게 하소서.

전도대상을 위한 기도

하나님의 마음 알아가기

삶으로 실천하기

October
10/9
282

마태복음 요한계시록

마태복음 5~7장

산상수훈

Tong Point 산상수훈, 이 보배로운 말씀은 진정 복 받은 사람이 누구냐는 질문에서부터 시작하여 말씀의 실천에 대한 강조로 마무리됩니다.

찬양

주 예수 크신 사랑
새 찬송가 205장 <통 236장>

하나님의 마음 보기

마태복음 5-7장은 '산상수훈'이라고 일컬어지는 말씀입니다. 예수님께서 산에 올라가 선포하신 첫 말씀은 '복'에 대한 것입니다. 예수님께서는 진정한 복이란 하늘의 것, 곧 보이지 않는 천국을 그 마음에 소유하는 것이라고 말씀하십니다. 그리고 사람들에게 이 땅에서 소금과 빛의 역할을 하여 하늘에 계신 아버지께 영광을 돌릴 수 있도록 하라고 말씀하시며, 하나님의 자녀가 어떻게 살아야 하는지에 대해 여러 가지 말씀으로 가르치십니다. 그리고 예수님께서는 하늘의 하나님에 대해 "은밀한 중에 보시는 네 아버지"라고 소개하십니다(마 6:4). 겉으로 드러나는 기도나 구제, 금식 등이 아무리 신앙적 모습을 가졌다 하더라도 그것이 사람에게 보이기 위함이라면 이미 그것은 하늘에 계신 하나님께 아무런 의미가 없습니다. 예수님께서는 우리 자신을 위하여 보물을 땅에 쌓아두지 말라고 하십니다. 그리고 하나님과 재물을 겸하여 섬길 수 없다고 말씀하십니다.

예수님께서는 산상수훈의 마지막 부분에 이르러서 "나더러 주여 주여 하는 자마다 다 천국에 들어갈 것이 아니요 다만 하늘에 계신 내 아버지의 뜻대로 행하는 자라야 들어가리라"(마 7:21)라고 단호하게 말씀하십니다.

각 장의 중요 Point

5장 _ 다른 기준
6장 _ 먼저, 먼저, 먼저
7장 _ 좁은 문

나를 위한 기도

예수님께서 말씀하시는 팔복의 은혜가 오늘 나의 삶 속에 구현되며 이웃에게 복음을 전하는 사랑의 전도자가 되게 하소서.

공동체를 위한 기도

우리 교회가 예수님의 산상수훈의 말씀을 잘 기억함으로, 진정으로 복 받는 공동체가 되게 하시고 말씀을 실천하게 하소서.

전도대상을 위한 기도

하나님의 마음 알아가기

삶으로 실천하기

October
10/10
283

마태복음 요한계시록

마태복음 8~10장

예수의 이적과 열두 제자 선택

Tong Point 예수님은 가난한 사람들, 연약한 사람들을 치유하시고 위로하심은 물론, 앞으로 함께할 열두 제자를 선택하십니다.

찬양

예수 말씀하시기를
새 찬송가 511장 <통 263장>

하나님의 마음 보기

예수님께서 선포하시는 말씀에는 권위와 능력이 넘쳐났습니다. 그리고 예수님께서는 그 말씀과 동일한 행동으로 모범을 보여주셨습니다. 예수님께서 사람을 사랑하는 방법은 병자들을 직접 찾아가 그들의 이야기를 들어주며 그 환부에 직접 손을 대고 어루만지시는 것이었습니다. 예수님께서는 병 고침의 사역을 통하여 많은 능력을 나타내십니다. 한센병 환자에게 손을 대셔서 그의 병을 고쳐주시고, 모세의 율법대로 제사장에게 몸을 보이라고 하십니다. 예수님께서는 또한 아끼는 제자 베드로의 병든 장모를 고치셨으며, 가다라 지방에 있는 귀신 들린 자를 온전하게 하셨고, 사람들이 데려온 중풍병자의 병을 고치셨습니다. 바리새인들은 예수님께서 귀신의 왕을 의지하여 귀신을 쫓아낸다고 비방했지만, 예수님께서는 무리를 불쌍히 여기시며 복음을 전하시고 치유 사역을 쉬지 않으십니다.

예수님께서는 본격적으로 사역을 시작하시면서 제자들을 택하십니다. 마태는 예수님의 제자들의 이름을 기록하면서 본인의 이름 앞에 '세리 마태'라고 기록하며 부끄러운 자신이 제자로 뽑혔던 감사와 감격을 드러냈습니다.

각 장의 중요 Point

8장 _ 그의 사랑 방식
9장 _ 사랑의 눈으로
10장 _ 필수과목

나를 위한 기도

약한 자들의 친구가 되어 주시는 주님의 사랑을 본받아 오늘도 나의 도움과 격려가 필요한 이웃에게 가까이 다가가게 하소서.

공동체를 위한 기도

우리 교회가 가난하고 연약한 사람들을 치유하시고 위로하신 예수님의 사랑을 실천하는 공동체가 되게 하소서.

전도대상을 위한 기도

하나님의 마음 알아가기

삶으로 실천하기

October
10/11
284

마태복음 요한계시록

마태복음 11~13장

하늘 비밀을 담은 일곱 가지 천국 비유

Tong Point 사람들이 쉽게 알아들을 수 있는 비유들 속에는 하나님 나라에 대한 깊은 지혜와 진리가 들어 있습니다.

찬양

달고 오묘한 그 말씀
새 찬송가 200장 <통 235장>

하나님의 마음 보기

예수님께서는 예수님을 따르는 많은 무리에게 비유라는 방식을 통해 하나님 나라가 어떤 곳인지 알려주십니다. 사람들의 마음에 하나님 나라의 씨앗을 심으시며 풍성한 하나님 나라를 소망하도록 가르쳐주셨습니다.

예수님께서 천국을 마치 밭에 감추인 보화와 같다고 비유하십니다. 이스라엘 사람들은 집에 좋은 것이 생기면, 집안이 아닌 자기 밭 어딘가에 깊이 묻어놓곤 했습니다. 그런데 전쟁이나 갑작스런 사고가 나면 그 보물의 위치를 아는 주인은 사라지고, 다른 사람이 그 땅을 사게 됩니다. 어느 날 한 일꾼이 그 밭에서 쟁기질을 하다가 땅에 감춰져 있던 보화를 발견합니다. 그 사람의 다음 행동은 다시 그 보화를 숨겨둔 후에 얼른 돌아가서 주인으로부터 그 밭을 사는 것입니다. 그 밭에 묻힌 보화의 값어치가 현재의 소유를 다 팔아서 그 밭을 살 만큼 컸기 때문입니다. 예수님께서는 또한 "천국은 마치 좋은 진주를 구하는 장사와 같으니"(마 13:45)라고 하십니다. 진주 장사를 하는 사람은 극히 값진 진주 하나를 만나면, 자기 소유를 다 팔아서 그 진주 하나를 얻습니다. 보화를 발견한 자와 값진 진주를 구하는 자의 공통점은 자신의 소유를 다 팔았다는 것입니다.

각 장의 중요 Point

11장 _ 아름다운 퇴진
12장 _ 탁상공론(卓上空論)
13장 _ 저희 천국에서는…

나를 위한 기도

언제나 나에게 용기와 소망을 주시는 하나님께 감사드리며 오늘도 예수님과 동행함으로 기뻐하게 하소서.

공동체를 위한 기도

사람들이 쉽게 알아들을 수 있는 비유의 말씀을 통해 들려주신 하나님 나라를 온 세상에 전하고 선포하는 공동체가 되기를 원합니다.

전도대상을 위한 기도

하나님의 마음 알아가기

삶으로 실천하기

October

10/12

285

마태복음 요한계시록

마태복음 14~16장

예수의 갈릴리 사역

Tong Point 예수님께서 베푸신 많은 기적은 사람들에게 하나님의 말씀을 전하고 약한 이웃들을 사랑하기 위한 그분의 방법이었습니다.

찬양

나 어느 날 꿈속을 헤매며
새 찬송가 134장 <통 84장>

하나님의 마음 보기

광야의 외치는 소리로 자신의 사명을 잘 감당했던 세례 요한은 헤롯이 동생의 아내를 취한 것을 비판한 일로 옥에 갇혔고 헤로디아의 악한 계획으로 인해 죽임을 당하게 됩니다. 마태복음 14장에는 예수님을 따르던 큰 무리에게 행하신 예수님의 기적이 기록되어 있습니다. 예수님께서 하루 종일 말씀을 전하신 어느 날, 날이 저물자 제자들이 와서 "무리를 보내어 마을에 들어가 먹을 것을 사 먹게 하소서"(마 14:15)라고 말합니다. 예수님께서 그들에게 먹을 것을 주라고 말씀하시자 제자들은 떡 다섯 개와 물고기 두 마리밖에 없다고 대답합니다. 예수님께서는 이 떡과 물고기를 가지고 축사하신 후 제자들을 시켜서 나누어주게 하십니다.

말씀을 듣던 무리에게 오병이어의 기적을 베푸셨던 이후 바다를 건너 제자들과 함께 게네사렛 땅으로 가십니다. 그리고 그곳의 많은 병든 자들이 예수님께 고침을 받습니다. 예수님께서는 귀신 들린 아이와 다리 저는 사람, 맹인과 말 못하는 사람 등 많은 이들을 고쳐주십니다. 예수님의 가르침과 이적을 경험한 많은 무리가 이를 놀랍게 여기며 하나님께 영광을 돌립니다.

각 장의 중요 Point

14장 _ 순교
15장 _ 고정관념을 깨자
16장 _ 마침내 그날이

나를 위한 기도

나의 평안을 위해 기적을 바라기보다는 진정한 기적을 위하여 열심히 땀 흘렸던 제자들의 수고를 본받게 하소서.

공동체를 위한 기도

바리새인과 서기관처럼 형식과 허울뿐인 모습에 갇히지 않고, 하나님의 뜻을 바라보며 달려가는 공동체가 되게 하소서.

전도대상을 위한 기도

하나님의 마음 알아가기

삶으로 실천하기

October
10/13
286

마태복음 ——— 요한계시록

마태복음 17~20장

예루살렘을 향한 여정

Tong Point 높은 자리에 오르려는 생각으로 다투는 제자들에게 예수님은 자기를 낮추는 자가 가장 큰 자라는 천국의 원리를 강조하십니다.

찬양

내 진정 사모하는
새 찬송가 88장 〈통 88장〉

하나님의 마음 보기

베드로와 야고보와 요한을 데리고 산으로 올라가신 예수님께서는 변형되셔서 얼굴이 해와 같이 빛나며, 옷이 빛과 같이 희어집니다. 그리고 빛난 구름 속에서 "이는 내 사랑하는 아들이요 내 기뻐하는 자"(마 17:5)라는 소리가 들려옵니다. 산에서 내려오신 예수님께서는 천국에서 누가 크냐는 논쟁을 벌이는 제자들에게 어린 아이와 같이 자기를 낮추는 사람이 천국에서 크다고 말씀하시며, 제자들이 견지해야 할 여러 가지 자세에 대해 교훈하십니다. 소식을 들은 바리새인들이 예수님을 시험하며 아내를 버릴 수 있는 이유에 대해 묻자 예수님께서는 "하나님이 짝지어 주신 것을 사람이 나누지 못할지니라"(마 19:6)라고 대답하십니다. 그리고 예수님께서는 어린 아이들을 데리고 오는 것을 꾸짖지 않으시며 그들을 안수해주십니다. 영생을 얻을 방법을 묻는 이에게 여러 말씀으로 대답해주시고, 비유를 통해 천국에 대해 가르치기를 멈추지 않으십니다.

예수님께서는 이제 예루살렘에 올라갈 계획을 세우시고 제자들에게 십자가 사건과 부활 사건에 대해 이르십니다. 이제 얼마 후면 예수님께서 십자가 사역을 감당하셔야 하기 때문입니다.

각 장의 중요 Point

17장 _ 동상이몽(同床異夢)　　18장 _ 이렇게 하라
19장 _ Power of God　　20장 _ 낙제생

나를 위한 기도

능력 많으신 예수님께서 겸손함으로 우리를 사랑하셨듯이 오늘도 하나님의 자녀로서 이웃을 섬기고 사랑하는 낮은 마음을 갖게 하소서.

공동체를 위한 기도

높은 자리에 오르려고 다투는 제자들에게 자기를 낮추는 자가 천국에서 가장 크다고 하신, 예수님의 말씀을 명심하는 이 나라와 민족이 되게 하소서.

전도대상을 위한 기도

하나님의 마음 알아가기

삶으로 실천하기

October
10/14
287

마태복음 　　　　　　　　　　　　　　　　　　　　　　　　요한계시록

마태복음 21~23장

예루살렘 입성과 예수의 설득

Tong Point 스가랴의 예언대로 나귀 새끼를 타고 입성하신 예수님은 대적하는 무리가 던지는 질문들에 지혜롭게 대처하십니다.

찬양

주 예수여 은혜를
새 찬송가 368장 〈통 486장〉

하나님의 마음 보기

갈릴리를 중심으로 하나님 나라에 대해 가르쳐오신 예수님께서 나귀 새끼를 타고 예루살렘으로 들어가십니다. 그러자 많은 사람이 예루살렘에 들어오시는 예수님을 기쁘게 환영하며 소리 높여 호산나를 외칩니다. 성전에 들어가신 예수님께서는 성전에서 장사하는 사람들을 내어 쫓으시고, 맹인과 저는 자들을 고쳐주시며, 성전에 들어가 사람들을 가르치십니다.

그러자 예수님을 대적하는 무리가 예수님 앞에 나옵니다. 대제사장들과 백성의 장로들은 예수님께 무슨 권위로 이런 일을 하느냐고 따집니다. 예수님께서는 그들의 질문에 질문으로 답하시고, 아버지의 말을 듣는 아들들의 비유, 포도원 주인이 보낸 종들과 아들을 죽인 농부들의 비유, 혼인 잔치를 베푼 임금의 비유들로 그들을 가르치십니다. 자신들의 기득권을 유지하고 싶은 바리새인들, 사두개인들, 율법사들이 예수님의 사역을 방해하고자 했으나 그 모든 시도는 실패로 돌아갑니다. 오히려 예수님께서는 율법이 그 본래의 의미를 잃어버리고 도리어 사람을 억누르는 데에 악용되는 것을 보시고, 자기 욕심을 위해 진리를 왜곡하는 그들을 질타하십니다. 예수님께서는 율법의 참 가치와 의미를 가장 잘 알고 계신 분입니다.

각 장의 중요 Point

21장 _ 사랑과 관심이 머무는 곳
22장 _ 3전 전승(全勝)
23장 _ 눈먼 인도자

나를 위한 기도

내 안에 의심이 일어날 때마다 성령님을 보내시어 흔들림 없는 믿음을 갖게 하시고 견고한 신앙인으로 거듭나게 하소서.

공동체를 위한 기도

율법 중에서 가장 큰 계명이 하나님을 사랑하는 것과 이웃을 사랑하는 것임을 기억하는 교회 공동체가 되게 하시고 하나님과 이웃의 기쁨으로 충만하게 하소서.

전도대상을 위한 기도

하나님의 마음 알아가기

삶으로 실천하기

Worship

소그룹예배

큰 기쁨으로 오신 우리 예수님

마태복음 1-23장

기도로 예배를 시작합니다.

이 시간, 우리가 함께 모여 하나님께 드리는 이 예배를 기뻐 받아주시고, 예배드리는 가운데 하나님의 마음과 뜻을 깨달아 알 수 있도록 지혜를 주소서.

함께 찬양을 부르세요.

"기쁘다 구주 오셨네" 새 찬송가 115장 〈통 115장〉

성경을 소리 내어 함께 읽고 오늘 본문의 통通 이야기를 들려주세요.

* 마태복음 2장 6-10절

예수님께서 베들레헴이라는 작은 시골 마을에서 태어나셨습니다. 이는 하나님께서 700년 전 미가 선지자를 통해 약속하신 말씀을 그대로 이루신 것입니다. 약속대로 오신 예수님께서는 베들레헴의 기쁨이었고, 당시 예수님을 맞이했던 목자들과 박사들의 기쁨이었고, 온 인류의 기쁨이었습니다.

말씀을 통해 알 수 있는 하나님의 마음을 생각하며 함께 마음을 나눕니다.

* 하나님께서는 당신의 계획하심 가운데에 약속하시고 한 번 말씀하신 것을 반드시 이루시는 분입니다. 놀라운 섭리 가운데 모든 것을 이루시는 하나님을 찬양합시다.

* 하나님께서는 작은 것도 크게 사용하시는 분입니다. 당신은 하나님께 쓰임 받는 그리스도인이 되기 위해 어떤 비전과 꿈을 가지고 있습니까?

서로 축복의 말을 함께 나눕니다.

"우리는 하나님의 계획하심 가운데 만들어진 복된 공동체입니다."

함께 기도하며, 연이어 주님이 가르쳐주신 기도로 예배를 마칩니다.

우리에게 참 소망과 기쁨이 되시는 예수님을 보내주신 하나님, 감사합니다. 예수님의 크신 사랑과 소망이 우리 공동체에 가득하게 해주소서.

October
10/15
288

마태복음 ————— 요한계시록

마태복음 24~25장

종말에 관한 설교

Tong Point 예수님께서는 마지막 때의 징조들에 대해 알려주시며, 늘 깨어 하루하루를 주님의 가르침 위에서 살아가라고 당부하십니다.

찬양

신랑 되신 예수께서
새 찬송가 175장 <통 162장>

하나님의 마음 보기

성전에서 사람들을 가르치시며 자신을 대적하는 무리를 책망하셨던 예수님께서는 성전에서 나가실 때 제자들에게 성전을 보이시며 "돌 하나도 돌 위에 남지 않고 다 무너뜨려지리라"(마 24:2)라고 말씀하십니다. 예루살렘 성전이라 할지라도 그곳이 하나님의 뜻에서 멀어진다면, 하나님의 심판 대상이 될 것을 말씀하신 것입니다. 예수님께서 감람산 위에 앉으셨을 때 제자들이 "주의 임하심과 세상 끝에는 무슨 징조가 있사오리이까"(마 24:3)라고 묻습니다. 그날과 그때가 언제인지는 아무도 알 수 없고, 오직 하나님만이 아십니다. 이 같은 날이 언제일지 알 수 없기에 예수님께서는 제자들에게 "깨어 있으라"(마 24:42)라고 당부하십니다.

이어서 예수님께서는 다시 오실 때에 모든 민족을 그 앞에 모으고 하나님께 복 받을 자와 영원한 불에 들어갈 자를 구분할 것이라고 말씀하십니다. 예수님께서 주릴 때에 먹을 것을 대접하고, 나그네 되었을 때에 영접하며, 병들었을 때 돌본 이들은 하나님 나라의 주인이 될 것이라고 말씀하실 때 의인들은 "어느 때에" 그리 행하였냐고 물을 것입니다. 그때 예수님께서는 "너희가 여기 내 형제 중에 지극히 작은 자 하나에게 한 것이 곧 내게 한 것이니라"(마 25:40)라고 말씀하실 것입니다.

각 장의 중요 Point

24장 _ 그때에는
25장 _ 성숙한 사람

나를 위한 기도

오늘도 기도할 힘을 주시고, 말씀 읽을 힘을 주시고, 나를 돌아볼 힘을 주시고, 그리하여 온 종일 깨어 있는 하루가 되게 하소서.

공동체를 위한 기도

이 세상의 성공지상주의에 얽매이지 않고 하나님 나라와 승리의 면류관을 꿈꾸며 살아가는 주님의 몸된 공동체가 되기를 원합니다.

전도대상을 위한 기도

하나님의 마음 알아가기

삶으로 실천하기

October
10/16
289

마태복음 요한계시록

마태복음 26~28장

용서를 향한 예수의 열정

Tong Point 사람들에 의해 붙잡히고 죽임 당하신 어린 양, 모든 죄를 대속하신 예수님으로 인해 인류 구원의 역사가 성취됩니다.

찬양

예수 나를 위하여
새 찬송가 144장 〈통 144장〉

하나님의 마음 보기

세상 끝에 있을 일들에 대한 설명을 마치신 예수님께서는 제자들에게 이틀 후 유월절에 십자가에 못 박히실 것을 말씀하십니다. 그러던 어느 날, 한 여자가 귀한 향유 한 옥합을 예수님의 머리에 붓습니다. 그것을 아까워하며 화내는 제자들 앞에서 예수님께서는 그 여인의 행동을 높이 평가해주십니다. 예수님께서는 제자들과 함께 유월절을 지키신 후 겟세마네에 이르셔서 간절히 기도하십니다. 기도를 마치셨을 때, 유다가 와서 예수님께 입을 맞추자 대제사장들이 보낸 사람들이 예수님을 잡아 대제사장 가야바에게로 끌고 갑니다.

대제사장들과 온 공회가 예수님을 죽이려고 거짓 증거를 찾습니다. 그리고 그 위협적인 분위기 속에서 예수님과 함께 있었던 자로 지목받았던 베드로는 예수님을 세 번 부인합니다. 제자들은 두려움에 떨며 도망하고, 대제사장의 집 안뜰에서 심문을 받으신 예수님께서는 총독 빌라도에게 가서 재판을 받으십니다. 그들의 거짓 고소에 대해 변명해보라는 빌라도 앞에서 침묵하신 예수님께서는 결국 가시관을 쓰시고 십자가에 매달리십니다. 그리고 이전에 말씀하셨던 대로 장사된 지 사흘 만에 부활하십니다.

각 장의 중요 Point

26장 _ 배신의 아픔
27장 _ 재판정
28장 _ 가라

나를 위한 기도

늘 끊이지 않는 삶의 어려움들을 피하지 않게 하시고 능히 감당할 수 있는 마음을 가지고 최선을 다해 일하여 풍성한 열매를 거두게 하소서.

공동체를 위한 기도

용서를 향한 예수님의 열정이 인류 구원의 위대한 역사를 성취했음을 감사와 감격으로 기억하며, 그 위대한 역사에 동참하는 교회 공동체가 되게 하소서.

전도대상을 위한 기도

하나님의 마음 알아가기

삶으로 실천하기

October
10/17
290

마태복음 요한계시록

마가복음 1~3장

열두 제자 선택

Tong Point 예수님은 공생애를 시작하시면서 열두 제자를 선택하여 부르시고, 그들을 가르치시며 함께 하나님 나라의 일들을 행하십니다.

찬양

저 장미꽃 위에 이슬
새 찬송가 442장 〈통 499장〉

하나님의 마음 보기

이사야가 예언했던 대로 "광야에 외치는 자의 소리"(막 1:3)의 사명을 다했던 세례 요한으로 말미암아 예수님의 사역이 준비됩니다. 예수님께서는 공생애를 시작하기 위해 제자들을 선택하십니다. 그렇게 해서 갈릴리의 어부인 시몬과 안드레, 야고보와 요한이 예수님의 제자가 됩니다.

제자들과 함께 가버나움에 가신 예수님께서는 안식일에 회당에 들어가 가르치십니다. 그런데 그 회당에 있던 귀신 들린 사람이 예수님에 대해 말하며 소란을 피우자, 예수님께서는 그 사람을 온전하게 해주십니다. 이 밖에도 예수님께서는 각종 병이 든 사람들을 고치시며 많은 귀신을 내쫓으십니다. 바닷가에 나오신 예수님을 큰 무리가 따르자, 예수님께서는 그들에게도 가르침을 주십니다. 또 지나가시다가 레위가 세관에 앉아 있는 것을 보시고 그를 제자로 부르십니다. 사람들이 예수님의 제자들은 왜 금식하지 않느냐고 묻자 예수님께서는 "새 포도주는 새 부대에 넣느니라"(막 2:22)라고 대답해주십니다. 예수님께서 택하신 열두 제자들과 함께 사람을 가르치고 고치십니다. 또한 예수님의 사역이 귀신의 왕을 힘입었다고 비방하는 자들을 책망하시고, 말씀 가르치기를 쉬지 않으십니다.

각 장의 중요 Point

1장 _ 복음의 시작
2장 _ 충격
3장 _ 무차별 사랑

나를 위한 기도

이기적이고 자기중심적인 세상 속에서 하나님의 자녀로서 사랑과 희생의 사명을 잘 감당하게 하소서.

공동체를 위한 기도

예수님께서 열두 제자를 선택하셔서 하나님 나라의 일들을 행하신 것처럼, 오늘날 우리 교회 공동체 또한 택하셔서 마음껏 사용해주시기를 원합니다.

전도대상을 위한 기도

하나님의 마음 알아가기

삶으로 실천하기

October 10/18

291

마태복음 ─ 요한계시록

마가복음 4~6장

예수의 이적과 가르침 1

Tong Point 예수님은 아무런 대가 없이 수많은 이적들을 베푸셨으며, 수많은 무리 속에서도 한 영혼의 가치를 가장 소중히 여기셨습니다.

찬양

구주여 광풍이 불어
새 찬송가 371장 〈통 419장〉

하나님의 마음 보기

예수님께서 바닷가에서 가르치시니 큰 무리가 모여듭니다. 예수님께서는 그들이 알아들을 수 있도록 여러 비유로 천국을 설명해주십니다.

어느 날, 예수님께서는 여느 때와 같이 하루 종일 사람들을 가르치시고, 해가 저물자 제자들에게 바다 저편으로 건너가자고 하십니다. 그런데 갈릴리 바다를 건너가는 도중, 광풍이 일어 배에 물이 들어옵니다. 배가 가라앉을 만큼 물이 차고 큰 파도가 치고 배가 흔들리는데도 피곤하신 예수님께서는 깊이 주무시고 계십니다. 온종일 수많은 사람들을 향해 목이 쉬도록 가르치시고, 또 밤에는 그 많은 병자들을 고쳐주셨으니 피곤하실 수밖에 없습니다. 큰 광풍으로 심히 두려운 제자들이 예수님을 깨우자 예수님께서는 바람과 바다를 꾸짖어 잔잔케 하십니다. 제자들은 "그가 누구이기에 바람과 바다도 순종하는가"(막 4:41)라고 하며 놀라워합니다. 그렇게 바다를 건너서 만난 사람이 거라사 지방의 귀신 들린 사람입니다. 예수님께서는 그 피곤하신 와중에 바로 이 한 사람을 고쳐주시려고 배를 타고 여기까지 오신 것입니다. 예수님께서는 들에 핀 아름다운 백합화보다, 들판에서 노니는 양들보다, 돼지 2천 마리보다, 더 나아가 온 천하보다 한 생명을 더 귀히 여겨주십니다.

각 장의 중요 Point

4장 _ 30 · 60 · 100
5장 _ 한 영혼 사랑하기
6장 _ 떡 나른 사람들

나를 위한 기도

수고하며 뿌린 인생의 씨앗이 곡식이 되어 하나님께 영광 돌리기까지 인내하며 충성하게 하소서.

공동체를 위한 기도

거라사 지방의 귀신 들린 사람을 향한 예수님의 한 영혼 사랑이 바로 나 자신과 우리 공동체를 향한 사랑이었음을 고백하게 하소서.

전도대상을 위한 기도

하나님의 마음 알아가기

삶으로 실천하기

October
10/19
292

마태복음 ——— 요한계시록

마가복음 7~8장

예수의 이적과 가르침 2

Tong Point 자신을 필요로 하는 이들을 찾아다니시며 시간과 정성을 쏟으신 예수님께서는 치유의 이적을 베푸시며 사랑을 실천하십니다.

찬양

주 예수 해변서
새 찬송가 198장 <통 284장>

하나님의 마음 보기

바리새인들과 서기관들이 예수님의 제자들이 손을 씻지 않고 음식을 먹는 것을 보고 예수님께 시비를 겁니다. 그러자 예수님께서는 사람의 전통이 아니라 하나님의 계명이 더욱 중요하다고 그들에게 교훈하십니다. 그리고 그곳을 떠나셔서 두로에 이르십니다. 예수님께서는 수로보니게 족속의 여자의 믿음을 보시고 그의 딸을 고쳐주시고, 다시 갈릴리 호수에 이르셔서 귀 먹고 말 더듬는 자를 고쳐주십니다. 그 무렵에 또 큰 무리가 예수님을 따랐는데, 사흘이나 함께 있었지만 먹을 것이 없었습니다. 예수님께서는 모였던 무리를 그냥 돌려보내면 그들이 집으로 가는 길에 기진할 것을 염려하시며 그들을 불쌍히 여기셨습니다. 이에 예수님께서는 떡 일곱 개를 가지고 축사하시고 많은 무리를 먹이십니다.

그곳을 떠나 벳새다에 이르신 예수님 앞에 사람들이 맹인 한 사람을 데리고 옵니다. 예수님께서는 사람들이 많이 모인 곳에서 고치지 않으시고, 그를 데리고 마을 밖으로 나가서 고쳐주십니다. 약한 자의 비빌 언덕이 되어주신 예수님께서는 또한 이스라엘의 지리적인 경계를 넘어 이방인들의 믿음도 받아들이셨습니다. 복음 앞에 유대인과 이방인의 차별 같은 것은 없습니다.

각 장의 중요 Point

7장 _ 무한은혜
8장 _ 생즉필사(生則必死), 사즉필생(死則必生)

나를 위한 기도

하나님 앞에서 나의 삶이 정결케 되며 사람들과의 관계가 원만하게 되는 것이 모두 말씀을 기초로 이루어짐을 알게 하소서.

공동체를 위한 기도

'주는 그리스도시니이다' 라는 베드로의 고백이 교회 공동체는 물론 이요, 이 나라와 민족 가운데 가득하게 하소서.

전도대상을 위한 기도

하나님의 마음 알아가기

삶으로 실천하기

October
10/20
293

마태복음 요한계시록

마가복음 9~10장

변화산 사건과 예수의 가르침

Tong Point 변화산에 오르셨던 예수님은 당신의 죽음과 부활을 미리 말씀해주시지만, 제자들은 아직 그 의미를 깨닫지 못합니다.

찬양

우리가 지금은 나그네 되어도
새 찬송가 508장 〈통 270장〉

하나님의 마음 보기

예수님께서는 이후 초기교회의 기틀을 세워야 할 열두 명의 제자들과 함께 많은 시간을 보내셨고, 그중에서도 베드로, 요한, 야고보, 이 세 명의 제자들과는 따로 시간을 보내기도 하셨습니다. 변화산 사건 역시 예수님께서 이 세 명의 제자들만 택하셔서 함께하셨던 사건 중 하나입니다. 산에서 내려오신 예수님께서는 제자들이 온전하게 하지 못했던 귀신 들린 아이를 고치시고, 가버나움에 이르십니다. 그곳을 향하던 길에 제자들 사이에 누가 크냐는 쟁론이 일어났습니다. 예수님께서는 그들에게 첫째가 되고자 하는 사람은 뭇 사람을 섬겨야 할 것이라고 대답하시며, 어린 아이 하나를 영접하는 것이 곧 예수님께 하는 것이라는 가르침을 주십니다. 또한 온전하고 거룩한 행실의 중요성을 강하게 언급하시며 "너희 속에 소금을 두고 서로 화목하라"(막 9:50)라고 말씀하십니다.

바리새인들이 예수님을 시험하고자 합니다. 예수님께서는 지혜로운 말씀으로 그들의 시험을 이기시고, 온전한 가르침을 주십니다. 또한 예수님께서는 어린 아이가 가까이 오는 것을 막지 않으시고, 영생을 얻을 방법을 구하는 이에게 가진 것을 다 팔아 가난한 자들에게 나눠주라고 말씀하십니다.

각 장의 중요 Point

9장 _ 하늘의 소리
10장 _ 증폭되는 오해

나를 위한 기도

오늘도 하나님께서 주시는 능력으로 승리하게 하시고 무엇보다 믿음으로 하나님의 능력을 경험하게 하소서.

공동체를 위한 기도

'기도 외에 다른 것으로는 이런 종류가 나갈 수 없느니라' 라는 예수님의 말씀을 기억하며, 전심으로 하나님께 기도하는 공동체가 되기를 원합니다.

전도대상을 위한 기도

하나님의 마음 알아가기

삶으로 실천하기

October

10/21

294

마태복음 요한계시록

마가복음 11~13장

예수의 예루살렘 입성과 대결

Tong Point 갈릴리를 중심으로 복음을 전해오신 예수님께서 예루살렘에 입성하시고 최후의 사명을 향해 한 걸음 더 나아가십니다.

찬양

예수 더 알기 원하네
새 찬송가 453장 〈통 506장〉

하나님의 마음 보기

예루살렘에 입성하신 예수님께서는 성전에서 물건 파는 사람들을 강하게 꾸짖으십니다. 그러자 예루살렘의 가장 중심인 성전을 기반으로, 거기서 오는 이익을 누리고 있던 대제사장 세력들이 깜짝 놀랍니다. 상황이 급하다고 판단한 대제사장들과 서기관들 그리고 장로들이 깊이 계산한 후 예수님께 한 가지 질문을 던집니다. "누가 이런 일 할 권위를 주었느냐?"(막 11:28). 예수님께서는 그들의 질문에 질문으로 응대하십니다. "나도 한 말을 너희에게 물으리니 대답하라 그리하면 나도 무슨 권위로 이런 일을 하는지 이르리라 요한의 세례가 하늘로부터냐 사람으로부터냐 내게 대답하라"(막 11:29-30). 그들이 모르겠다고 하자, 예수님도 "나도 무슨 권위로 이런 일을 하는지 너희에게 이르지 아니하리라"(막 11:33)라고 하십니다.

이어서 예수님께서는 대제사장들과 서기관들과 장로들을 가리켜 포도원 주인과 악한 농부의 비유, 모퉁잇돌에 대한 비유를 말씀하십니다. 이들은 진리이신 예수님께서 행하고 전하시는 말씀이 자신들의 생각과 부딪히자 대답하기 어려운 질문들을 하며 예수님을 공격했습니다. 그러나 그들의 감춰진 위선과 죄악을 드러내시며, 참 진리를 전하시는 예수님의 열정은 그 어떤 방해에도 식지 않았습니다.

각 장의 중요 Point

11장 _ 정면승부
12장 _ 걸림돌을 디디고
13장 _ 초토화

나를 위한 기도

삶 속에서 하나님의 말씀을 성취하며 사신 예수님처럼 오늘도 살아 계신 하나님의 말씀을 실천하며 살게 하소서.

공동체를 위한 기도

예루살렘에 입성하심으로 최후의 사명을 향해 한 걸음 더 나아가시는 예수님의 사랑을 온 세상에 전하는 교회 공동체가 되게 하소서.

전도대상을 위한 기도

하나님의 마음 알아가기

삶으로 실천하기

Worship

소그룹예배

거친 풍랑을 넘어선 사랑

마태복음 24-28장, 마가복음 1-13장

기도로 예배를 시작합니다.

이 시간, 우리가 함께 모여 하나님께 드리는 이 예배를 기뻐 받아주시고, 예배드리는 가운데 하나님의 마음과 뜻을 깨달아 알 수 있도록 지혜를 주소서.

함께 **찬양**을 부르세요.

"슬픈 마음 있는 사람" 새 찬송가 91장 〈통 91장〉

성경을 **소리 내어** 함께 읽고 오늘 본문의 **통通 이야기**를 들려주세요.

* 마가복음 5장 1-15절

제자들은 바다의 거친 풍랑을 잔잔케 하신 예수님과 함께 한밤중에 거라사 지방으로 갔습니다. 예수님께서는 거기에서 만난 귀신 들린 사람을 온전하게 고쳐주셨습니다. 한 영혼을 살리시기 위해서 거친 풍랑을 잔잔케 하시고 돼지 2천 마리도 아까워하지 않으시고 사용하신 주님을 찬양합니다.

말씀을 통해 알 수 있는 **하나님의 마음**을 생각하며 함께 마음을 나눕니다.

* 하나님께서는 이 땅의 모든 사람을 사랑하기 위해서 하늘에서 땅으로 독생자 예수 그리스도를 보내주셨습니다. 하나님께 감사하는 기도를 올려봅시다.

* 예수님께서는 한 영혼 한 영혼을 사랑하시기 위해서 놀라운 이적도 능력도 기꺼이 사용하십니다. 예수님께서 베푸신 이적 한 가지를 설명해보고 그 기쁨을 함께 나누어봅시다.

서로 **축복의 말**을 함께 나눕니다.

"하나님께서 사랑하시는 당신의 영혼을 사랑합니다."

함께 기도하며, 연이어 주님이 가르쳐주신 기도로 예배를 마칩니다.

우리에게 불어오는 인생의 풍랑을 잔잔케 하시고 우리의 영혼을 살리시고 도우시는 주님의 사랑을 기억합니다. 늘 승리하는 우리가 되게 해주소서.

October
10/22
295

마태복음 요한계시록

마가복음 14~16장

최후의 만찬과 십자가 사역

Tong Point 제자들과 마지막 시간을 보내시고 고통스런 십자가를 지셨으나, 죄 없으신 예수님은 말씀대로 삼일 만에 부활하십니다.

찬양

만왕의 왕 내 주께서
새 찬송가 151장 〈통 138장〉

하나님의 마음 보기

예수님께서 예루살렘 근처에 있는 베다니 시몬의 집에서 식사하고 계실 때, 한 여자가 향유 한 옥합을 깨뜨려 예수님께 붓습니다. 그리고 제자들과 최후의 만찬을 나누신 예수님께서는 겟세마네로 가셔서 간절히 기도를 드리십니다. 기도를 마치셨을 때, 예수님을 배신한 가룟 유다를 앞세운 무리들이 예수님을 잡으러 옵니다. 예수님께서 말씀하신 것과 같이 제자들은 예수님을 버리고 도망했고, 베드로는 예수님을 부인했습니다. 대제사장의 집에서 심문을 당하신 예수님께서는 이어서 사형 판결의 결정권을 가진 총독 빌라도 앞으로 끌려가십니다. 예수님을 대적하는 자들이 민중을 선동하여 예수님을 십자가로 몰아갔지만, 실상은 예수님께서 단번에 하나님과 사람들 사이에 화목제물이 되어주신 것입니다.

예수님의 시신은 아리마대 사람 요셉에 의해 바위 무덤에 장사되고, 예수님께서는 사흘 만에 부활하십니다. 부활하신 예수님께서는 막달라 마리아와 시골로 가는 두 제자, 열한 제자를 만나십니다. 그리고 제자들에게 "너희는 온 천하에 다니며 만민에게 복음을 전파하라"(막 16:15)라는 사명을 주시고 승천하십니다. 복음을 듣고 믿고 전하는 모든 자가 바로 예수님의 제자입니다.

각 장의 중요 Point

14장 _ 홀로 가신 길
15장 _ 완성
16장 _ 부활의 증인

나를 위한 기도

고난을 피하지 않고 하나님의 뜻을 따라 묵묵히 기도하셨던 예수님을 본받아 오늘도 말씀과 기도로 승리하게 하소서.

공동체를 위한 기도

우리 교회가 부활 신앙을 가슴에 품고, 온 천하에 다니며 만민에게 복음을 전하는 선교와 전도의 공동체가 되기를 원합니다.

전도대상을 위한 기도

하나님의 마음 알아가기

삶으로 실천하기

October
10/23
296

마태복음 요한계시록

누가복음 1~2장

세례 요한 탄생

Tong Point 하나님을 사모하는 두 여인, 엘리사벳과 마리아를 통해 인류 역사에 가장 위대한 사건이 시작되는 중요한 문이 열리게 됩니다.

찬양

천지에 있는 이름 중
새 찬송가 80장 〈통 101장〉

하나님의 마음 보기

가브리엘 천사가 마리아에게 찾아와 예수님을 잉태하여 낳을 것이라고 말하자, 마리아는 이에 순종합니다. 마리아는 사가랴의 아내인 친족 엘리사벳에게 문안하러 가서 엘리사벳의 예언을 듣게 되고, 놀라움 가운데 하나님을 찬양합니다. 기한이 다 되어 엘리사벳이 요한을 출산하자, 사가랴가 성령의 충만함을 받아 요한에 대해 예언합니다. 그리고 요한은 선지자로 서는 날까지 빈 들에 머뭅니다.

한편, 요셉과 만삭의 몸인 마리아는 나사렛에서 베들레헴까지 먼 길을 가야 할 형편에 놓이게 됩니다. 로마 제국의 황제가 제국 전체에 호적을 시행하라고 명령했기 때문입니다. 힘들게 베들레헴에 도착한 마리아는 마구간에서 예수님을 낳습니다. 그리고 예수님께서 나신 지 팔 일이 되자 마리아와 요셉은 율법대로 예루살렘에서 정결예식을 행하고 나사렛으로 갑니다. 마리아와 요셉은 해마다 유월절이 되면 예루살렘을 방문했는데, 누가복음에는 예수님께서 열두 살이 되셨을 때 유월절을 지키기 위해 예루살렘에 가신 일이 기록되어 있습니다. 예수님께서는 열심히 율법 지식을 쌓으셨고, 자라면서 지혜가 자라나셨습니다.

각 장의 중요 Point

1장 _ 기다림의 끝
2장 _ 막을 수 없는 기쁨

나를 위한 기도

예수님의 사랑을 온전히 깨닫고 그 사랑을 전하는 행동이 소중하다는 것을 알고 오늘도 주님의 이름을 위해 살게 하소서.

공동체를 위한 기도

이 나라와 민족 위에 하나님의 영광과 평화가 가득하게 하시고, 우리 공동체가 날마다 큰 기쁨의 좋은 소식을 전하게 하소서.

전도대상을 위한 기도

하나님의 마음 알아가기

삶으로 실천하기

October
10/24
297

마태복음 요한계시록

누가복음 3~4장

구원 사역을 위한 기초

Tong Point 예수님은 세례를 받으신 후 40일간 광야에서 금식하시고 마귀의 시험을 이기심으로써 인류 구원의 사역을 준비하십니다.

찬양

예수가 거느리시니
새 찬송가 390장 〈통 444장〉

하나님의 마음 보기

예수님의 사역이 시작되기 전에, 로마의 두 번째 황제인 디베료(티베리우스) 황제의 통치 15년째에 세례 요한의 사역이 시작됩니다. 세례 요한은 사람들에게 회개를 촉구하고 물로 세례를 베풀며 예수님께서 오실 길을 예비했습니다. 세례 요한은 분봉 왕 헤롯의 잘못을 지적했다는 이유로 잡혀가 옥에 갇힙니다. 당시 사람들은 세례 요한을 선지자로 여겼습니다.

예수님께서는 공생애를 시작하시는 시점에 마귀의 시험을 받으시는데 구약성경의 율법과 선지자들의 말씀으로 시험을 물리치십니다. 그 후 예수님께서는 여러 회당에서 말씀을 가르치시며 하나님 나라를 알려주십니다. 많은 사람이 예수님의 가르침을 받고 예수님을 칭송했지만 예수님께서 자라시던 나사렛에서는 예수님을 배척합니다. 예수님께서는 쉬지 않으시고 가버나움에 내려오셔서 사람들을 가르치시고, 회당에서는 귀신 들린 사람을 고치시고, 시몬의 장모도 고치십니다. 예수님께서는 낮에는 하나님의 말씀을 가르치시고, 밤에는 밤을 새워가며 병자들에게 일일이 손을 얹어 고쳐주십니다. 예수님께서는 말씀으로 시공을 초월하여 능력을 베풀기도 하시고 친히 병자들을 어루만지시며 그들을 고쳐주십니다.

각 장의 중요 Point

3장 _ 토양 고르기
4장 _ Ready! Action!

나를 위한 기도

내 삶의 우선순위가 예수님을 중심으로 이루어지고 신앙 공동체 안에서 기꺼이 들러리의 기쁨을 누리게 하소서.

공동체를 위한 기도

광야에서 마귀의 시험을 말씀의 능력으로 물리치신 예수님처럼, 우리 교회 공동체가 세상의 여러 가지 유혹을 말씀의 능력으로 무장하여 물리치게 하소서.

전도대상을 위한 기도

하나님의 마음 알아가기

삶으로 실천하기

October
10/25
298

마태복음 요한계시록

누가복음 5~6장

훈련과 동행

Tong Point 예수님은 스스로 죄인이라고 고백하는 이들을 제자로 선택하시고, 열두 제자들은 집중적으로 예수님께 훈련을 받습니다.

찬양

예수 나를 오라 하네
새 찬송가 324장 <통 360장>

하나님의 마음 보기

예수님께서는 시몬과 안드레, 야고보와 요한을 비롯한 열두 명의 제자들을 선택하십니다. 예수님께서 두루 다니시며 복음을 전파하실 때, 예수님의 제자들은 어디든지 예수님과 함께했으며 예수님의 귀한 사역을 돕고 따랐습니다. 그들은 가족, 직업, 삶의 터전을 모두 버려두고 예수님을 좇은 것입니다. 예수님께서 바리새인들과 안식일 논쟁을 벌이시게 된 계기가 바로 안식일에 제자들이 밀 이삭을 잘라 손으로 비벼 먹었던 일 때문이었습니다. 예수님의 제자들이 안식일에 대한 율법을 알지 못해서가 아니고, 그만큼 먹을 것이 없어 배가 고팠던 탓입니다. 예수님을 따르는 일이 제자들에게도 어렵고 고된 일이었던 것입니다.

예수님께서 가시는 곳에는 많은 무리와 병 있는 사람들이 모여 들었습니다. 예수님께서는 몸에 질고가 있는 사람들을 고쳐주시는 일과 사람들에게 말씀 전하는 일을 쉬지 않으셨습니다. 예수님께서는 한센병에 걸린 사람을 고치시고, 중풍병자의 죄를 사하시며 그를 고치십니다. 또한 안식일에 회당에서 손 마른 사람을 고치시고, 병 고침을 받으려고 사방에서부터 나아온 많은 사람을 고쳐주십니다.

각 장의 중요 Point

5장 _ 죄인과 더불어
6장 _ 버리라

나를 위한 기도

하나님의 부르심에 늘 민감하게 반응케 하시고 나 혼자만의 구원에 멈추지 않고 주변에 복음의 소식을 전하는 제자가 되게 하소서.

공동체를 위한 기도

예수님께 선택된 12명의 제자들이 예수님께 집중훈련을 받았던 것처럼, 우리 교회 공동체 가운데 말씀으로 훈련받는 제자들로 가득하게 하소서.

전도대상을 위한 기도

하나님의 마음 알아가기

삶으로 실천하기

October
10/26
299

마태복음 요한계시록

누가복음 7~8장

예수의 치유와 가르침

Tong Point 예수님께 다가왔던 가난한 사람들, 세리와 죄인들의 마음은 좋은 땅과 같아서 예수님의 말씀을 듣고 결실을 맺어갑니다.

찬양

예수는 나의 힘이요
새 찬송가 93장 <통 93장>

하나님의 마음 보기

예수님께서 가버나움으로 들어가셨을 때 어떤 백부장이 자신의 사랑하는 종이 병들어 죽게 되자 예수님의 소문을 듣고 와서 그 종을 고쳐주실 것을 청합니다. 예수님의 말씀만으로도 충분히 자신의 종이 나을 것이라고 고백하는 백부장의 믿음을 칭찬하신 예수님께서는 말씀으로 그의 종을 고쳐주십니다. 또한 나인 성 과부의 아들이 죽은 것을 보시고 그 과부를 불쌍히 여기신 예수님께서는 그 아들이 누운 관에 가까이 가셔서 손을 대심으로 그 청년을 살려주십니다.

어느 날, 시몬이라 이름하는 한 바리새인이 예수님을 초대했을 때, 그 집에 '죄를 지은 한 여자'가 찾아와 예수님 곁에서 울며 예수님의 발에 입맞추고 향유를 붓습니다. 죄인인 여자를 예수님께서 가까이 하는 것을 시몬이 못마땅하게 여기는 것을 보시고, 예수님께서는 빚을 탕감 받은 자의 비유를 통해 큰 죄를 용서받은 자일수록 죄를 사하여 주신 하나님을 더 사랑한다는 가르침을 주십니다. 그 후에 예수님께서는 각 성과 마을을 두루 다니며 복음을 전하시고, 수많은 병자를 고치시며 사람들에게 천국(하나님 나라)을 가르치셨습니다. 그리하여 사람들이 누구든지 하나님 앞에 나아갈 수 있도록 길을 여셨습니다.

각 장의 중요 Point

7장 _ 현장 확인
8장 _ 쉼 없는 행보

나를 위한 기도

언제나 내게 먼저 다가와 사랑으로 보듬어주시는 하나님의 사랑에 감사드리며, 저 역시 이웃에게 먼저 다가가게 하소서.

공동체를 위한 기도

하나님의 나라가 우리 공동체 안에 임하며, 말씀이 떨어져 백 배 결실을 맺을 수 있도록 항상 우리의 마음 밭을 기경하게 하소서.

전도대상을 위한 기도

하나님의 마음 알아가기

삶으로 실천하기

October
10/27
300

마태복음 요한계시록

누가복음 9~10장

약한 자의 이웃

Tong Point 예수님은 믿음이란 섬김을 실천하는 데까지 나아가야 한다고 말씀하시며, 친히 약한 자의 이웃이 되는 모범을 보여주십니다.

찬양

위에 계신 나의 친구
새 찬송가 92장 〈통 97장〉

하나님의 마음 보기

예수님께서는 열두 제자를 부르셔서 그들에게 귀신을 물리치고 병을 고치는 능력과 권위를 주십니다. 그들은 맡은바 사명대로 여러 마을을 두루 다니며 곳곳에 복음을 전합니다. 예수님께서 가시는 곳마다 소문을 들은 많은 무리가 예수님께 나아왔습니다. 예수님께서는 벳새다까지 따라온 무리들에게 말씀을 가르치시고 오병이어의 기적을 베풀어 그들을 먹이십니다. 얼마 후 예수님께서는 따로 기도하실 때에 제자들에게 십자가 사역을 감당하실 것을 미리 말씀하시고, 베드로와 야고보와 요한을 데리고 산에 오르셔서 변화된 모습을 보여주시기도 합니다. 또한 누가 크냐는 논쟁을 벌이는 제자들에게 가장 작은 자가 크다는 말씀으로 교훈하기도 하시며 정성껏 제자들을 가르치십니다.

어느 날, 한 율법교사가 예수님께 찾아와 "내가 무엇을 하여야 영생을 얻으리이까?"(눅 10:25)라고 질문하자, 예수님께서는 "율법에 무엇이라 기록되었으며 네가 어떻게 읽느냐?"(눅 10:26)라고 되물으십니다. "주 너의 하나님을 사랑하고 또한 네 이웃을 네 자신 같이 사랑하라 하였나이다"(눅 10:27)라는 그의 답에 예수님께서는 "이를 행하라 그러면 살리라"(눅 10:28)라고 말씀하십니다.

각 장의 중요 Point

9장 _ 아름다운 동행
10장 _ Never Stop

나를 위한 기도

평생 예수님을 따르는 제자의 삶을 살게 하시고, 뒤돌아보지 않고 앞을 향해 힘찬 믿음으로 나아가게 하소서.

공동체를 위한 기도

친히 약한 자의 이웃이 되어주신 우리 예수님의 사랑을 기억하며, 이 시대의 연약하고 소외된 이웃들을 위해 이웃 바보가 되는 공동체가 되게 하소서.

전도대상을 위한 기도

하나님의 마음 알아가기

삶으로 실천하기

October
10/28
301

마태복음 요한계시록

누가복음 11~13장

예수의 가르침과 이적

Tong Point 가난한 자와 부요한 자, 남녀노소를 막론한 모든 이들에게 하나님께서는 예수님을 통로로 값진 구원의 문을 열어주십니다.

찬양

공중 나는 새를 보라
새 찬송가 588장 〈통 307장〉

하나님의 마음 보기

하나님을 믿는 자들이 기도를 어떻게 드려야 하는지에 대해 가르치신 예수님께서는 바리새인과 율법교사들을 향해서는 책망하십니다. 바리새인들은 율법에 아주 민감한 사람들이었지만 그들이 지킨 율법의 행위에는 진실이 없고 외식이 가득했습니다. 서기관들과 바리새인들은 예수님께 거세게 달려들어 여러 가지 일을 따져 묻고, 예수님께서 하시는 말씀을 책잡기 위해 기회를 노립니다. 그러나 율법을 폐하기 위해서가 아니라 완전하게 하기 위해 오신 예수님께서는 여러 말씀으로 그들을 책망하고 교훈하십니다. 예수님께서는 진정 사람이 두려워해야 할 대상은 오직 하나님 한 분뿐임을 가르치십니다. 또한 자신의 형에게 유산을 나누라고 말씀해주시기를 청하는 자에게는 자기를 위하여 곳간을 더 크게 짓고 곡식을 쌓아 놓는 어리석은 부자의 비유를 들어, 생명이 하나님께 달렸음을 잊지 말고 하나님께 대하여 부요한 자가 되라고 말씀하십니다.

예수님께서는 제자들에게 "무엇을 먹을까 무엇을 마실까 하여 구하지 말며 근심하지도 말라"(눅 12:29)라고 말씀하시며 오직 하나님의 나라를 구하라고 명하십니다. 그리고 각 성과 마을로 다니시면서 말씀 전하기를 멈추지 않으십니다.

각 장의 중요 Point

11장 _ 솔선수범
12장 _ 탐심을 버리라
13장 _ 작은 씨앗

나를 위한 기도

하나님을 사랑하는 마음 중심을 더욱 정결케 하시고 겉과 속이 같은 모습으로 살아가게 하소서.

공동체를 위한 기도

가난한 자와 부요한 자, 남녀노소를 막론한 모든 인생들에게 구원의 통로가 되어주신 우리 예수님의 사랑을 땅 끝까지 전하는 공동체가 되기를 원합니다.

전도대상을 위한 기도

하나님의 마음 알아가기

삶으로 실천하기

Worship

소그룹예배

십자가의 사랑으로

마가복음 14-16장, 누가복음 1-13장

기도로 예배를 시작합니다.

이 시간, 우리가 함께 모여 하나님께 드리는 이 예배를 기뻐 받아주시고, 예배드리는 가운데 하나님의 마음과 뜻을 깨달아 알 수 있도록 지혜를 주소서.

함께 **찬양**을 부르세요.

"만왕의 왕 내 주께서" 새 찬송가 151장 〈통 138장〉

성경을 **소리 내어** 함께 읽고 오늘 본문의 **통通 이야기**를 들려주세요.

* 마가복음 15장 33-41절

예수님께서는 우리 인류의 죄를 친히 담당하고 용서하시기 위해서 십자가에 못 박혀 돌아가셨습니다. 돌아가시는 순간 성소의 휘장이 위로부터 아래까지 찢어져 둘이 되었습니다. 성소와 지성소를 구분하는 성막이 찢어짐으로 이제 성전의 기능은 상실되었고, 예수님께서 친히 우리를 위한 제물과 대제사장이 되셨습니다.

말씀을 통해 알 수 있는 **하나님의 마음**을 생각하며 함께 마음을 나눕니다.

* 하나님께서는 당신의 하나밖에 없는 소중한 아들을, 예수님께서는 소중한 목숨을 주는 사랑을 보여주셨습니다. 그 사랑에 날마다 감사하고 있습니까?

* 예수님께서는 십자가의 사랑으로 하나님과 인류의 막힌 담을 허무셨습니다. 우리는 예수님의 그 사랑을 전하는 사명을 감당하기 위해 어떤 노력을 기울여야 할까요?

서로 **축복의 말**을 함께 나눕니다.

"예수님의 사랑으로 온전히 하나 되는 우리가 됩시다."

함께 기도하며, 연이어 주님이 가르쳐주신 기도로 예배를 마칩니다.

십자가에서 피 흘려 보여주신 예수님의 사랑으로 우리가 하나 되게 하시고, 그 사랑으로 이웃과 세상에 나아가게 인도하소서.

October
10/29
302

마태복음 — 요한계시록

누가복음 14~16장

한 영혼 사랑에 대한 예수의 가르침

Tong Point 죄인 한 사람을 찾아오시는 하나님의 마음은 잃어버린 양 한 마리를 찾아 헤매는 목자의 마음과 같습니다.

찬양

내가 매일 기쁘게
새 찬송가 191장 〈통 427장〉

하나님의 마음 보기

예수님께서는 자기를 초대한 바리새인에게 누군가를 초대하여 식사를 베풀고 싶거든 벗이나 형제나 친척이나 부한 이웃을 초대하지 말고, 갚을 힘이 없는 가난한 자들과 몸 불편한 자들과 저는 자들과 맹인들을 청하여 베풀라고 말씀하십니다. 또한 잔치 자리에 함께했던 사람이 "하나님의 나라에서 떡을 먹는 자는 복되도다"(눅 14:15)라고 말하자, 잔치 초청을 거절한 사람들의 비유를 말씀해주십니다. 예수님께서는 바리새인과 서기관들의 냉소와 배척에도 불구하고 소외 받은 자들을 찾아가서 천국 복음을 전하십니다. 예수님께서 이 땅에 오신 목적은 잃은 양을 찾아 구원하기 위함이시기 때문입니다.

예수님께서는 예수님을 따르는 수많은 무리에게 자기 십자가를 지고 결단하여 예수님의 뒤를 굳게 따라야 한다는 교훈을 주십니다. 그리고 예수님의 말씀을 들으러 가까이 나아오는 세리와 죄인들에게 잃어버린 한 마리의 양을 찾고 기뻐하는 목자의 비유, 잃어버린 한 드라크마를 되찾고 즐거워하는 여자의 비유, 집을 떠났던 둘째 아들을 기쁨으로 다시 맞아들이는 아버지의 비유를 들어 하나님께서는 하나님께로 돌아오는 한 영혼으로 인해 기뻐하신다는 사실을 가르쳐주십니다.

각 장의 중요 Point

14장 _ 그분의 초대
15장 _ 원상복귀
16장 _ 위험인물

나를 위한 기도

가난한 자, 병든 자, 소외된 자를 향한 나의 관심과 마음이 더욱 열려지게 하시고 이를 통해 하나님의 사랑을 전하게 하소서.

공동체를 위한 기도

한 마리의 잃어버린 양을 찾아 헤매는 참 목자의 마음을 이 나라의 위정자들과 교회 공동체의 지도자들에게 허락하여 주소서.

전도대상을 위한 기도

하나님의 마음 알아가기

삶으로 실천하기

October
10/30
303

마태복음 요한계시록

누가복음 17~18장

예수의 치유와 교훈

Tong Point 예수님을 시험하려 한 바리새인들의 의도는 예수님의 권세 있는 말씀 앞에 꺾이고 오히려 자신들의 무지만 드러내게 됩니다.

찬양

십자가를 내가 지고
새 찬송가 341장 <통 367장>

하나님의 마음 보기

제자들 가르치기를 쉬지 않으신 예수님께서는 제자들과 함께 마지막 사역을 위해 예루살렘으로 향하십니다. 그 가시는 길에 갈릴리 근처에서는 열 명의 한센병 환자를 고쳐주시고, 바리새인들에게 하나님의 나라에 대해 가르치시며, 제자들에게 앞으로 있을 일도 가르치십니다. 그리고 그들에게 항상 기도하고 낙심하지 말아야 할 것을 불의한 재판장의 비유, 성전에 기도하러 올라가는 바리새인과 세리의 비유로 말씀하여 가르치십니다(눅 18:1).

어느 날 한 관리가 예수님께 "내가 무엇을 하여야 영생을 얻으리이까"(눅 18:18)라고 묻자 예수님께서는 "네가 계명을 아나니 간음하지 말라, 살인하지 말라, 도둑질하지 말라, 거짓 증언 하지 말라, 네 부모를 공경하라 하였느니라"(눅 18:20)라고 말씀하십니다. 그가 자신은 어려서부터 이것을 다 지켰다고 대답합니다. 그러자 예수님께서는 "네게 있는 것을 다 팔아 가난한 자들에게 나눠 주라 … 그리고 와서 나를 따르라"(눅 18:22)라고 말씀하십니다. 청년 관리는 큰 부자인고로 이 말씀을 듣고 심히 근심하며 돌아갔다고 성경은 기록하고 있습니다. 그리고 예수님께서는 여리고 가까이 가셨을 때, 예수님의 소문을 들은 맹인의 간구를 들으시고 고쳐주십니다.

각 장의 중요 Point

17장 _ 작은 시작
18장 _ 진실한 기도

나를 위한 기도

나의 필요를 채우는 데 너무 급급하지 않게 하시고 존귀하신 주님을 만난 기쁨으로 삶을 채워가게 하소서.

공동체를 위한 기도

하나님의 일을 다 행한 후에 '무익한 종으로서 해야 할 일을 했을 뿐입니다' 라고 고백하며 하나님께 영광을 돌리는 공동체가 되기를 원합니다.

전도대상을 위한 기도

하나님의 마음 알아가기

삶으로 실천하기

October
10/31
304

마태복음 요한계시록

누가복음 19~20장

약자를 위한 배려

Tong Point 건강한 사람이 아니라 병든 사람을 찾으시는 예수님, 그 분은 잃어버린 자를 찾아 구원하기 위해 온 정성을 다하시는 분입니다.

찬양

성자의 귀한 몸
새 찬송가 216장 〈통 356장〉

하나님의 마음 보기

예수님께서는 병든 자, 연약한 자, 세리와 창기, 죄인들이 당신께 가까이 오는 것을 기뻐하시고 그들의 친구가 되어 주셨습니다. 삭개오는 로마 제국의 세리가 되어 동족 유대인들에게 미움을 받던 자였습니다. 그런데 삭개오는 예수님에 대한 소문을 듣고 그분이 누구신지 궁금하여 예수님을 보기 위해 나무 위로 올라갔습니다. 우리 주님이 "삭개오야 속히 내려오라 내가 오늘 네 집에 유하여야 하겠다"(눅 19:5)라고 말씀하시며 그를 부르십니다. 주위 사람들은 "저가 죄인의 집에 유하러 들어갔도다"(눅 19:7)라고 수군거리며 예수님을 비방했습니다. 그러나 예수님께서는 당신이 이 세상에 오신 이유가 바로 이런 죄인들과 잃어버린 자를 찾아 구원하기 위해서임을 강조하시며, 은화를 받은 종의 비유를 말씀해주십니다. 예수님의 사역은 항상 '사람'과 더불어 시작되었고, '사람'을 위하여 행해졌습니다.

누가복음 19장 28절부터 23장까지에는 예루살렘에서 보내신 예수님의 마지막 일주일이 기록되어 있습니다. 약한 이들을 사랑하신 예수님께서는 마지막 사역을 이루시기 위해 예루살렘에 입성하십니다.

각 장의 중요 Point

19장 _ 충실한 사역자
20장 _ 소작인들의 반란

나를 위한 기도

부족한 나를 찾아오시는 예수님과 깊은 인격적인 만남을 갖게 하시고 성경이 제시하는 삶의 방식을 온전히 따라 살게 하소서.

공동체를 위한 기도

주인에게 한 므나를 받아 각각 열 므나와 다섯 므나를 남겼던 종들처럼, 하나님께 받은 복의 내용들을 풍성하게 채워드리는 복된 공동체가 되게 하소서.

전도대상을 위한 기도

하나님의 마음 알아가기

삶으로 실천하기

11
November

November

11/1

305

마태복음 요한계시록

누가복음 21~22장

최후의 만찬

Tong Point 예수님은 장차 다가올 고난에 대하여 제자들에게 예고하시며, 그들이 인내하고 참아 견디어 마침내 승리할 것을 부탁하십니다.

찬양

우리를 죄에서 구하시려
새 찬송가 260장 〈통 194장〉

하나님의 마음 보기

유월절이 점점 가까워지자, 예수님을 대적하는 대제사장들과 서기관들은 예수님을 죽일 방도를 궁리합니다. 이 무렵 가룟 유다는 대제사장들 및 성전 경비대장들과 함께 예수님을 팔 방도를 의논합니다. 한편, 유월절이 다가오자 예수님께서는 제자들과 함께 절기를 지키십니다. 예수님께서는 1000년의 도시 예루살렘에서 1400년의 역사를 가진 유월절을 제자들과 지키신 것입니다. 이 유월절은 마지막 유월절이자 첫 번째 성찬식이 되었습니다.

제자들과 최후의 만찬을 마치신 예수님께서 베드로, 요한, 야고보와 함께 감람산에 오르십니다. 그리고 세 제자들에게 "유혹에 빠지지 않게 기도하라"(눅 22:40)라고 당부하신 후에 조금 떨어진 곳으로 나아가 고통과 슬픔 가운데 기도를 시작하십니다. 깊은 고민 속에서 얼마나 힘쓰고 애써서 기도하시는지 땀이 땅에 떨어지는 핏방울 같았다고 누가는 기록하고 있습니다. 가룟 유다와 검과 몽치를 든 무리에 의해 예수님께서는 대제사장의 집으로 끌려가시고, 날이 밝자 공회로 끌려가십니다. 그분이 하나님의 아들이심을 믿지 않는 많은 무리로부터 온갖 오해와 비난을 받으시는 가운데 예수님께서는 묵묵히 십자가의 길을 걸어가십니다.

각 장의 중요 Point

21장 _ 인내의 주(主)
22장 _ 슬픔의 밤

나를 위한 기도

나의 기쁨, 나의 슬픔, 나의 걱정이 나에게로만 집중되지 않고 주변을 향해서도 같은 마음을 품게 하소서.

공동체를 위한 기도

제자들에게 장차 다가올 고난을 참아 견디며 인내하라고 말씀하신 예수님의 격려와 위로를 기억하며 끝까지 승리하는 공동체가 되게 하소서.

전도대상을 위한 기도

하나님의 마음 알아가기

삶으로 실천하기

November
11/2
306

마태복음 요한계시록

누가복음 23~24장

영광과 평화로의 초대

Tong Point 부활 후 제자들을 찾아오신 예수님은 그분의 고난과 부활이 예언의 성취임을 가르치시고 그들을 증인으로 세우십니다.

찬양

겟세마네 동산의
새 찬송가 457장 〈통 510장〉

하나님의 마음 보기

대제사장의 집과 공회에서 고초를 당하신 예수님께서 또다시 빌라도에게 끌려가십니다. 그러나 빌라도는 예수님에게서 아무 죄도 발견하지 못했고, 예수님을 분봉 왕 헤롯에게로 보냅니다. 헤롯은 여러 가지를 물어도 예수님께서 침묵으로 일관하시자 예수님을 희롱하고 다시 빌라도에게로 보냅니다. 빌라도가 무리에게 '이 사람에게는 죄가 없으므로 놓아주겠다' 라고 하자, 무리들은 예수님을 십자가에 못 박으라고 외치며 예수님 대신 바라바를 놓아달라고 합니다. 결국 예수님께서는 해골(골고다)에서 십자가에 못 박혀 죽으시고 바위 무덤에 장사되십니다.

그런데 안식 후 첫날 새벽에 예수님을 따랐던 여인들이 향품을 준비하여 무덤에 갔을 때, 예수님께서는 이미 그곳에 계시지 않았습니다. 사흘 만에 죽음의 권세를 이기시고 부활하셨기 때문입니다. 예수님의 부활을 경험한 제자들이 다시 예루살렘에 모이기 시작합니다. 이들의 마음속에는 예수님에 대한 깊은 믿음이 싹트고 있었습니다. 이제 예수 그리스도를 전하는 것이 남겨진 제자들의 사명이요, 삶의 비전입니다.

각 장의 중요 Point

23장 _ 십자가의 위로
24장 _ 제자들의 시대

나를 위한 기도

두려움과 불안함에 붙들려 진리를 외면하고 사명을 실천하지 않는 자가 되지 않게 하시고 진리이신 주님으로 인해 자유한 인생 되게 하소서.

공동체를 위한 기도

부활 후 제자들을 위로하시며 회복시켜 주신 것처럼, 우리 교회 공동체에도 찾아오셔서 새롭게 출발할 수 있는 은혜를 허락해주소서.

전도대상을 위한 기도

하나님의 마음 알아가기

삶으로 실천하기

November 11/3

307

마태복음 요한계시록

요한복음 1~3장

들러리의 기쁨

Tong Point 빛이 되시는 예수님이 이 땅에 오셔서 인류 구원의 사역을 시작하시고, 세례 요한은 그분의 오실 길을 기쁨으로 준비합니다.

찬양

주 예수의 강림이
새 찬송가 179장 〈통 167장〉

하나님의 마음 보기

예수님께서 오시기 전 예수님의 오실 길을 준비한 이가 바로 세례 요한입니다. 세례 요한은 말라기 선지자 이후 4백여 년간 이어졌던 침묵을 깨고 등장한 사람입니다. 그는 회개하라는 메시지를 선포합니다. 예수님께서는 세례 요한에게 세례를 받으시고, 40일간 광야에서 금식기도를 마치신 후, 마귀의 시험을 물리치셨습니다. 그리고 공생애를 시작하셨습니다. 그 후 세례 요한은 헤롯에 의해 죽임을 당하고 맙니다. 예수의 길을 예비하며 들러리의 기쁨을 누리며 살았던 세례 요한은 짧지만 소중한 사역을 감당하고 죽은 것입니다.

세례 요한이 죽고 난 후, 예수님께서는 제자들과 함께 갈릴리 가나의 혼인식에 참석하십니다. 이때 예수님께서는 물이 변하여 포도주가 되게 하는 기적을 베푸십니다. 이 기적은 예수님께서 베푸신 첫 표적이었습니다. 유월절이 가깝자 예수님께서는 예루살렘을 방문하셔서 성전을 찾으십니다. 그리고 그곳에서 장사하는 사람들을 내쫓으시고, 성전을 정결하게 하십니다. 유대인들이 "네가 이런 일을 행하니 무슨 표적을 우리에게 보이겠느냐"(요 2:18)라고 시비합니다. 이에 예수님께서는 헐린 성전을 사흘만에 일으키리라는 말씀으로, 장차 있을 일을 말씀하십니다.

각 장의 중요 Point

1장 _ 드디어 막은 오르고
2장 _ 채움과 비움
3장 _ 들러리의 기쁨

나를 위한 기도

때로 주님을 외면하는 나에게 친히 찾아오셔서 사랑의 음성을 들려주시는 주님을 만날 수 있도록 제 믿음의 눈을 열어주소서.

공동체를 위한 기도

이 땅의 한국 교회가 예수님의 길을 준비한 세례 요한처럼 나라와 민족을 섬기는 들러리로서의 사명을 잘 감당케 하소서.

전도대상을 위한 기도

하나님의 마음 알아가기

삶으로 실천하기

November
11/4
308

마태복음 요한계시록

요한복음 4~6장

영원한 생명수이신 예수

Tong Point 우물가로 나온 사마리아 여인의 영혼의 목마름을 해결해주시는 예수님, 그분은 모든 인생들의 생명수가 되십니다.

찬양

목마른 내 영혼
새 찬송가 309장 〈통 409장〉

하나님의 마음 보기

예수님께서 사마리아에 있는 수가라 하는 동네에 가십니다. 그리고 그곳에서 물 긷고 있는 한 여인과 만나 대화를 나누십니다. 예수님께서 물을 달라 하시니 그 여인은 유대인이 어찌 사마리아인과 상종하는지 의아해합니다. 예수님께서 대답하십니다. "네가 만일 하나님의 선물과 또 네게 물 좀 달라 하는 이가 누구인 줄 알았더라면 네가 그에게 구하였을 것이요 그가 생수를 네게 주었으리라"(요 4:10). 예수님께서는 여인에게 참된 생명수가 무엇인지를 가르쳐주고 싶으셨던 것입니다. 참 생명을 주는 물, 인생들의 영원한 목마름을 해결할 수 있는 '생수'가 바로 예수님이십니다.

그 후 유대인의 명절을 맞아 다시 예루살렘으로 가시던 예수님께서는 베데스다라는 못에서 38년간 병 낫기를 기다린 병자를 고치십니다. 그날은 안식일이었습니다. 유대인들이 안식일에 병고침을 행하시고 하나님을 아버지라 일컬으신 예수님을 죽이려고 합니다. 이에 예수님께서는 "아들을 공경하지 아니하는 자는 그를 보내신 아버지도 공경하지 아니하느니라"(요 5:23)라고 그들을 책망하십니다. 그리고 예수님께서 갈릴리 바다 건너편으로 가시자, 예수님의 병 고침의 표적을 본 많은 무리가 예수님을 따릅니다.

각 장의 중요 Point

4장 _ 상식 그 이상의 만남
5장 _ 생명 구원의 꿈
6장 _ 생명의 떡

나를 위한 기도

외면당하고 소외된 한 영혼을 아끼시고 참 사랑을 심어주신 주님을 본받아 오늘도 하나님의 세밀한 사랑을 가지고 나아가게 하소서.

공동체를 위한 기도

사마리아 여인의 영혼의 목마름을 해결해주신 예수님께서 모든 인생의 생명수가 되심을 전하는 공동체가 되게 하소서.

전도대상을 위한 기도

하나님의 마음 알아가기

삶으로 실천하기

Worship
소그룹예배

예수님께서 부활하셨습니다

누가복음 14-24장, 요한복음 1-6장

기도로 예배를 시작합니다.

이 시간, 우리가 함께 모여 하나님께 드리는 이 예배를 기뻐 받아주시고, 예배드리는 가운데 하나님의 마음과 뜻을 깨달아 알 수 있도록 지혜를 주소서.

함께 **찬양**을 부르세요.

"주님께 영광" 새 찬송가 165장 〈통 155장〉

성경을 **소리 내어** 함께 읽고 오늘 본문의 **통通 이야기**를 들려주세요.

* 누가복음 24장 44-53절

십자가에 못 박혀 돌아가셨던 예수님께서 사흘 만에 부활하시고 제자들을 만나기 위해 찾아오셨습니다. 예수님께서는 제자들의 마음을 열어 당신의 부활을 예언하고 있는 구약의 말씀들을 알려주셨고 깨닫게 해주셨습니다. 그리고 제자들이 보는 앞에서 승천하셨고 제자들은 예수님의 증인이 되어 큰 기쁨의 삶을 살았습니다.

말씀을 통해 알 수 있는 하나님의 마음을 생각하며 함께 마음을 나눕니다.

* 예수님께서는 우리에게 십자가의 고난을 통한 사랑뿐만 아니라 부활을 통한 능력과 소망도 보여주셨습니다. 부활하신 주님을 찬양합시다.

* 예수님의 십자가와 부활을 선물로 주신 하나님께서는 우리가 복음의 증인으로 날마다 기뻐하며 살기를 바라십니다. 오늘의 소망과 기쁨을 함께 나누어봅시다.

서로 축복의 말을 함께 나눕니다.

"하나님의 능력으로 매일 기쁨으로 삽시다."

함께 기도하며, 연이어 주님이 가르쳐주신 기도로 예배를 마칩니다.

예수 그리스도의 부활의 능력과 소망을 가지고 날마다 즐거워하며 기뻐하는 증인으로 사는 우리 공동체가 되게 해주소서.

November
11/5
309

마태복음 요한계시록

요한복음 7~8장

죄인을 감싸주시는 예수

Tong Point 죄인을 감싸시는 예수님의 지혜로운 대답은 불의한 자들의 계략을 뛰어넘어 오히려 시험하는 자들을 부끄럽게 합니다.

찬양

나 캄캄한 밤 죄의 길에
새 찬송가 381장 〈통 425장〉

하나님의 마음 보기

어느 날 서기관들과 바리새인들이 음행 중에 잡힌 여인을 예수님 앞으로 끌고 와서 어떻게 할 것인지 물으며 예수님을 곤경에 빠뜨립니다. 그때 예수님께서는 "너희 중에 죄 없는 자가 먼저 돌로 치라"(요 8:7)라고 말씀하셨습니다. 잠깐의 정적이 흐른 후, 돌을 들었던 자들이 모두 흩어지고 그 여인과 예수님 둘만 남았습니다. 그때 예수님께서 그 여인에게 "나도 너를 정죄하지 아니하노니 가서 다시는 죄를 범하지 말라"(요 8:11)라고 말씀하십니다. 이처럼 예수님께서는 죄인들의 부끄러움을 덮고 용서해주시며 새로운 길을 열어주셨습니다.

이 말씀 후에 예수님께서는 "나는 세상의 빛이니 나를 따르는 자는 어둠에 다니지 아니하고 생명의 빛을 얻으리라"(요 8:12)라고 말씀하십니다. 이 말씀을 들은 바리새인들이 예수님께 대적하자, 예수님께서는 "내 증언이 참되니 나는 내가 어디서 오며 어디로 가는 것을 알거니와 너희는 내가 어디서 오며 어디로 가는 것을 알지 못하느니라"(요 8:14)라고 말씀하십니다. 그러나 진리의 말씀을 가르치면 가르칠수록 그들은 더욱 예수님을 의심합니다. 예수님께서는 그들을 책망하시며, "사람이 내 말을 지키면 영원히 죽음을 보지 아니하리라"(요 8:51)라고 말씀하십니다.

각 장의 중요 Point

7장 _ 팽팽한 긴장
8장 _ 땅에 쓰신 글씨

나를 위한 기도

예수님의 말씀과 그분의 선하신 모습 앞에 나 자신을 비추어보며 정직하게 오늘 하루도 진리에 가까워지는 삶을 살게 하소서.

공동체를 위한 기도

죄인을 감싸시는 예수님의 지혜로운 대답은 불의한 자들의 계략을 뛰어넘어 시험하는 자들을 부끄럽게 하신다는 사실을 깊이 묵상하는 공동체가 되게 하소서.

전도대상을 위한 기도

하나님의 마음 알아가기

삶으로 실천하기

November
11/6
310

마태복음 요한계시록

요한복음 9~11장

선한 목자이신 예수

Tong Point 양들을 위하여 목숨을 버릴 각오로 사랑해주시며 자신의 사역을 성실히 수행하고 계신 예수님은 우리의 선한 목자이십니다.

찬양

선한 목자 되신 우리 주
새 찬송가 569장 〈통 442장〉

하나님의 마음 보기

예수님께서는 바리새인들이 자신을 책잡기 위해 기회를 엿보고 있다는 것을 아시면서도 날 때부터 맹인으로 살아온 사람을 안식일에 고쳐주십니다.

요한복음 11장에는 죽은 나사로를 살리시는 예수님의 행적이 기록되어 있습니다. 나사로의 누이인 마르다와 마리아가 예수님께 사람을 보내어 나사로의 병듦을 알립니다. 이에 예수님께서는 미리 있을 일을 아시고, "이 병은 죽을 병이 아니라 하나님의 영광을 위함이요 하나님의 아들이 이로 말미암아 영광을 받게 하려 함이라"(요 11:4)라고 말씀하십니다. 예수님께서 나사로를 만나기 위하여 베다니로 가려고 하시자, 제자들은 예수님을 잡으려던 무리를 생각하고 두려워합니다. 그러나 나사로가 죽었음을 알리시며 제자들과 함께 베다니로 가신 예수님께서는 마르다와 마리아를 위로하시며 나사로가 있는 곳으로 가셔서 나사로를 부르십니다. 예수님께서 말씀하시자 죽은 나사로가 일어나 무덤 밖으로 나옵니다. 이것을 본 많은 유대인들이 예수님을 믿었습니다. 그러나 바리새인들은 이 같은 표적에도 예수님을 믿지 않고 오히려 더욱 대적하며 예수님을 죽이려고 모의합니다.

각 장의 중요 Point

9장 _ 영적 소경
10장 _ 선한 목자
11장 _ 죽은 자가 살아나다

나를 위한 기도

주님께로 가까이 가는 길을 막고 있는 장애물들을 뛰어넘을 수 있는 용기를 주시고 복음과 진리 안에서 자유하게 하소서.

공동체를 위한 기도

양들을 위해 목숨을 버리신 예수님을 본받아, 이 시대의 교회 공동체와 지도자들이 선한 목자로서의 사명을 잘 감당케 하소서.

전도대상을 위한 기도

하나님의 마음 알아가기

삶으로 실천하기

November

11/7

311

마태복음 요한계시록

요한복음 12~13장

새 계명을 주심

Tong Point 이 땅에 있는 자신의 사람들을 사랑하시되 끝까지 사랑하신 예수님께서 "너희도 서로 사랑하라"라는 새 계명을 주십니다.

찬양

사랑하는 주님 앞에
새 찬송가 220장 〈통 278장〉

하나님의 마음 보기

유월절 엿새 전에 예수님께서는 베다니의 나사로의 집으로 가셔서 거기서 유하십니다. 예수님을 위해 잔치할 때, 마리아가 비싼 향유를 예수님의 발에 붓습니다. 가룟 유다가 그 여인의 행동을 책망하자, 예수님께서는 "나의 장례할 날을 위하여 그것을 간직하게 하라"(요 12:7)라고 하시며 죽으심을 예고하십니다. 유대인의 큰 무리가 예수님께서 나사로의 집에 계시다는 소식을 듣고 그곳으로 옵니다. 나사로를 살리신 예수님과 정말로 나사로가 살아났는지를 보고 싶어 한 것입니다. 나사로에게 사람들이 많은 관심을 보이자, 대제사장들은 나사로까지 죽이려고 모의합니다.

이튿날, 예수님께서 예루살렘으로 오신다는 소식을 들은 큰 무리가 종려나무 가지를 가지고 "호산나 찬송하리로다 주의 이름으로 오시는 이 곧 이스라엘의 왕이시여"(요 12:13)라고 소리 높이며 예수님을 맞이합니다. 예수님께서는 마지막 만찬을 나누신 후 제자들의 발을 씻기시며 섬김의 본을 보여주십니다. 그리고 예수님께서는 제자들에게 "새 계명을 너희에게 주노니 서로 사랑하라 내가 너희를 사랑한 것 같이 너희도 서로 사랑하라 너희가 서로 사랑하면 이로써 모든 사람이 너희가 내 제자인 줄 알리라"(요 13:34-35)라고 말씀하십니다.

각 장의 중요 Point

12장 _ 죽음으로 맺어질 수많은 열매
13장 _ 다함없는 사랑

나를 위한 기도

나의 삶 속에서 쉽게 포기되지 않는 것들을 주님 앞에 내려놓게 하시고 부족함을 채우시는 하나님의 능력을 경험하게 하소서.

공동체를 위한 기도

우리 인생들을 사랑하시되 끝까지 사랑하신 예수님을 기억하며, 우리 공동체의 모든 지체가 한 알의 밀알이 되어 많은 열매를 맺기 원합니다.

전도대상을 위한 기도

하나님의 마음 알아가기

삶으로 실천하기

November

11/8

312

마태복음 요한계시록

요한복음 14~15장

예수의 고별 설교

Tong Point 예수님께서는 아버지의 집으로 가신 이후에 자신의 이름으로 보혜사 성령이 제자들에게 강림하리라는 것을 약속하십니다.

찬양

주 예수 내가 알기 전
새 찬송가 90장 〈통 98장〉

하나님의 마음 보기

예수님께서는 곧 사랑하는 제자들과 헤어지셔야 하고, 제자들 또한 예수님의 죽음이라는 큰 시련을 경험해야 합니다. 예수님께서 어디로 가시는지 알지 못한다고 말하는 도마에게 예수님께서는 "내가 곧 길이요 진리요 생명이니"(요 14:6)라고 말씀하십니다. 지금은 제자들이 깨닫지 못하고 있지만, 이후 때가 되면 제자들은 예수님의 말씀을 기억할 것입니다. 비록 그들이 육신으로는 예수님을 볼 수는 없지만 예수님께서는 성령으로 오셔서 그들과 함께하실 것입니다.

예수님께서는 "나는 참 포도나무요 내 아버지는 농부라"(요 15:1)라고 말씀하십니다. 포도나무에 붙어 있는 가지는 열매의 유무에 따라 더 많은 열매를 위해 깨끗해질 수도 있고, 잘려나갈 수도 있습니다. 열매를 맺기 위해서는 가지가 포도나무에 붙어 있어야 하고, 그것은 바로 그분의 사랑 안에 계속적으로 거해야 함을 뜻합니다. 그 일은 바로 그분의 계명을 지키는 일이며, 서로 사랑하라는 말씀에 대한 실천입니다. 자기 목숨을 버리면서까지 사람을 사랑하셨던 예수님께서 제자들을 당신의 친구라고 부르십니다. 친구를 위해 목숨을 버리는 것보다 더 큰 사랑이 없다고 하신 예수님께서는 바로 그 희생의 사랑을 곧 몸소 실천하실 것입니다.

각 장의 중요 Point

14장 _ 끝나지 않을 사명
15장 _ 친구(親舊)

나를 위한 기도

나를 홀로 버려두지 않으시고, 늘 성령님의 동행하심 가운데 살게 하시는 주님께 감사하며 오늘도 주님의 말씀을 실천하게 하소서.

공동체를 위한 기도

예수님께서 제자들에게 약속해주신 보혜사 성령님의 충만한 은혜가 우리 교회 공동체 위에도 가득하기를 원합니다.

전도대상을 위한 기도

하나님의 마음 알아가기

삶으로 실천하기

November

11/9

313

마태복음 요한계시록

요한복음 16~17장

제자들을 위한 예수의 기도

Tong Point 십자가를 눈앞에 둔 지금, 예수님은 제자들이 꼭 기억해야 할 말씀을 주신 후, 하나님께 그들을 위탁하며 기도하십니다.

찬양

내가 늘 의지하는 예수
새 찬송가 86장 〈통 86장〉

하나님의 마음 보기

제자들은 예수님께서 십자가에 달려 돌아가실 것이라는 사실을 아직 모르고 있었지만, 예수님께서는 당신이 돌아가신 후에 제자들이 두려워할 것임을 미리 아십니다. 예수님께서는 그런 제자들에게 보혜사 성령님을 소개하십니다. 예수님의 고난과 죽음, 그리고 보혜사 성령의 활동이 하나님의 계획 가운데 모두 준비되어 있습니다. 그 계획하신 바대로 보혜사 성령께서 오셔서 제자들을 진리 가운데로 인도하실 것입니다. 결국 예수님께서는 떠나시는 것이 아니라 더 가까이 계시며, 환난을 당하는 제자들에게 성령을 통해 세상을 이길 힘을 더하여 주실 것입니다. 예수님께서는 제자들에게 "담대하라 내가 세상을 이기었노라"(요 16:33)라고 말씀하시며 힘을 주십니다. 그리고 예수님께서는 십자가를 앞두고 기도하십니다.

예수님께서는 또한 제자들뿐만 아니라 제자들의 말을 듣고 예수님을 영접하게 될 이들을 위해서도 기도하십니다. "내가 아버지의 이름을 그들에게 알게 하였고 또 알게 하리니 이는 나를 사랑하신 사랑이 그들 안에 있고 나도 그들 안에 있게 하려 함이니이다"(요 17:26)라는 예수님의 기도 속에서 그리스도인들을 향하신 예수님의 한없는 사랑을 발견하게 됩니다.

각 장의 중요 Point

16장 _ 세상을 이길 힘
17장 _ 하나(One)

나를 위한 기도

오늘도 말씀의 검을 예리하게 잘 갈고 닦아 그 어떤 시험과 유혹 속에서도 능히 승리할 수 있는 주의 군사가 되게 하소서.

공동체를 위한 기도

십자가의 죽음을 목전에 둔 예수님께서 제자들을 위해 중보하신 기도가 바로 우리 교회 공동체를 위한 기도임을 깨닫게 하소서.

전도대상을 위한 기도

하나님의 마음 알아가기

삶으로 실천하기

November
11/10
314

마태복음 요한계시록

요한복음 18~19장

예수의 십자가 사역

Tong Point 온 인류를 향한 하나님의 구원 계획은 골고다 언덕 십자가 위에서 예수 그리스도의 죽으심으로 마침내 완성되었습니다.

찬양

갈보리 산 위에
새 찬송가 150장 <통 135장>

하나님의 마음 보기

예수님께서는 제자들에게 새 계명과 여러 가지 가르침을 주시고, 예수님 자신과 제자들을 위해 기도하신 후, 제자들과 함께 기드론 시내 건너편에 가십니다. 가룟 유다는 군대와 대제사장들과 바리새인들의 아랫사람들과 함께 그곳으로 예수님을 잡으러 옵니다. 그리고 예수님을 결박하여 대제사장 가야바의 장인인 안나스에게로 끌고 갑니다. 이때 한 여종이 문 밖에 서 있던 베드로에게 예수님과 함께한 제자라고 말하자, 베드로는 그 사실을 부인합니다. 예수님께서는 또다시 관정으로 끌려가셔서 빌라도 앞에 서십니다. 예수님께 여러 말로 물었던 빌라도는 예수님에게서 죄를 발견하지 못하자, 유월절에 죄인 한 사람을 놓아주는 전례에 따라 예수님을 놓아주려고 합니다. 그러나 무리가 소리 질러 예수님 대신 강도 바라바를 놓아 달라고 하자 결국 예수님께서는 십자가에 달리십니다.

예수님께서 돌아가시자 아리마대 요셉이 빌라도를 찾아가서 예수님을 장사지낼 수 있기를 요청하고 새 무덤에 예수님을 장사지냅니다. 예수님께서는 태어나실 때에는 가난한 요셉과 마리아의 정성과 사랑을 받으셨고, 십자가 사역을 마치시고 장사 되실 때에는 부자 요셉의 정성과 사랑을 받으셨습니다.

각 장의 중요 Point

18장 _ 거기 너 있었는가?
19장 _ 외면당한 유대인의 왕

나를 위한 기도

예수님에 대한 나의 지식이 머리의 지식으로 끝나지 않게 하시고, 주님을 진정으로 사랑하고 믿음으로 영생의 기쁨을 누리게 하소서.

공동체를 위한 기도

온 인류를 향한 하나님의 구원은 골고다 언덕 십자가 위에서 예수 그리스도의 죽으심으로 완성되었음을 모든 성도가 가슴에 새기게 하소서.

전도대상을 위한 기도

하나님의 마음 알아가기

삶으로 실천하기

November
11/11
315

마태복음 요한계시록

요한복음 20~21장

부활하신 주님을 만난 제자들

Tong Point 부활하신 예수님은 실의에 빠진 제자들을 회복시키시고, 그들에게 예수님의 복음을 전파하라는 사명을 남기십니다.

찬양

예수 부활했으니
새 찬송가 164장 <통 154장>

하나님의 마음 보기

안식 후 첫날, 예수님께서 장사 된 무덤의 돌이 옮기운 것을 본 막달라 마리아가 시몬 베드로와 요한에게 그 사실을 이야기합니다. 베드로와 요한은 무덤으로 달려가서 그 사실을 확인하고 집으로 돌아갑니다. 마리아가 무덤 밖에서 울고 있을 때, 천사와 예수님을 만나게 됩니다. 그리고 제자들에게 가서 예수님께서 부활하셨다는 소식을 알립니다. 예수님께서는 3일 만에 어둠의 권세를 깨뜨리고 부활의 첫 열매가 되십니다.

부활하신 예수님께서는 당신의 죽음으로 인해 상심과 절망 가운데 빠져 있는 제자들을 찾아와 다시금 힘을 주고 세우시는 작업을 40일 동안 행하십니다. 베드로와 몇몇의 제자들은 고향으로 돌아가서, 디베랴 호수에 배를 띄우고 고기를 잡고 있었습니다. 그러나 그물을 던져봤지만 고기가 잡히지 않았습니다. 그때 부활하신 예수님께서 그들을 찾아오십니다. 예수님께서는 숯불을 지펴 그 위에 생선과 떡을 준비해 놓으시고는 제자들을 부르십니다. 부끄러움과 아쉬움을 가진 제자들에게 다가오셔서 그 부끄러움을 열심으로 회복시켜 주십니다. 제자들을 위해 몸소 디베랴(갈릴리) 바닷가까지 찾아오신 우리 예수님께서 바로 모든 그리스도인의 주님이십니다.

각 장의 중요 Point

20장 _ 꿈은 이루어진다
21장 _ Follow me(나를 따르라)

나를 위한 기도

현실의 벽이 너무 높아 절망할 때도 있지만 부족한 나에게 기꺼이 소망이 되어주시는 주님을 붙들고 승리하게 하소서.

공동체를 위한 기도

제자들을 회복시키시고 복음 전파의 사명을 남겨주신 예수님의 마음을 깨달아 온 세상을 향해 예수 그리스도의 복음을 전하는 공동체가 되게 하소서.

전도대상을 위한 기도

하나님의 마음 알아가기

삶으로 실천하기

Worship

소그룹예배

예수님으로 풍성한 우리의 삶

요한복음 7-21장

기도로 예배를 시작합니다.

이 시간, 우리가 함께 모여 하나님께 드리는 이 예배를 기뻐 받아주시고, 예배드리는 가운데 하나님의 마음과 뜻을 깨달아 알 수 있도록 지혜를 주소서.

함께 찬양을 부르세요.

"예수님은 누구신가" 새 찬송가 96장 〈통 94장〉

성경을 소리 내어 함께 읽고 오늘 본문의 통通 이야기를 들려주세요.

* 요한복음 21장 24-25절

하나님께서는 예수님의 제자 요한을 통해 복음서를 쓰게 하시고 예수 그리스도와 복음의 증인이 되는 사명을 주셨습니다. 예수님의 복음은 참된 것이고 또한 참된 것을 전하는 자가 곧 증인입니다. 예수님의 참된 이야기는 이 세상이라도 그 기록된 책을 두기에 부족할 정도로 풍성한 이야기입니다.

말씀을 통해 알 수 있는 하나님의 마음을 생각하며 함께 마음을 나눕니다.

* 하나님께서는 우리들 역시 예수님의 제자요 예수님의 증인의 삶을 살기를 바라십니다. 제자와 증인으로서 예수님의 참된 이야기만을 이웃에게 전합시다.

* 하나님께서 우리를 사랑하신 이야기 그리고 앞으로도 우리를 사랑하시며 써 가실 이야기는 참으로 풍성합니다. 하나님의 사랑을 받은 이야기를 함께 나누어봅시다.

서로 **축복의 말**을 함께 나눕니다.

"하나님의 풍성한 사랑 이야기로 풍성한 증인의 인생이 됩시다."

함께 기도하며, 연이어 주님이 가르쳐주신 기도로 예배를 마칩니다.

예수님의 이야기를 가득 담고 세상을 향해 나아가기를 소망합니다. 하나님의 크신 은혜와 사랑이 우리에게 충만히 임하게 해주소서.

November
11/12
316

마태복음 요한계시록

사도행전 1~2장

증인이 된 제자들

Tong Point 부활의 예수님은 제자들에게 소망과 사명을 주시며 성령을 약속하시고, 예수님의 사랑을 모든 민족에게 전파할 것을 명하십니다.

찬양

이 기쁜 소식을
새 찬송가 185장 <통 179장>

하나님의 마음 보기

예수님께서 십자가에서 돌아가시자, 제자들은 흩어졌고 복음의 역사는 중단된 것처럼 보였습니다. 그러나 부활하신 예수님께서는 제자들을 만나 다시금 소망과 사명을 주시고, "예루살렘과 온 유대와 사마리아와 땅 끝까지 이르러 내 증인이 되리라"(행 1:8)라는 마지막 말씀을 남기시고 승천하셨습니다.

예수님께서는 승천하시기 전, 제자들에게 예루살렘을 떠나지 말고 모여서 기도하라고 말씀하셨습니다. 그래서 120여 명의 제자들은 예루살렘 마가의 다락방에 모여 뜨겁게 기도하기 시작했습니다. 그들은 가룟 유다의 자리를 대신할 사람으로 맛디아를 뽑고 기도를 쉬지 않습니다. 그렇게 기도하던 중 오순절(칠칠절) 날 하나님의 성령이 그곳에 모인 사람들에게 임하십니다. 이전에 경험해보지 못한 놀라운 체험이었습니다. 이후로 제자들에게는 두려움 대신 열정이 솟아납니다. 성령의 충만함을 입은 제자들이 예수 그리스도를 전하였고, 오순절 절기를 맞아 각국에서 모인 사람들이 각각 자기 나라의 방언으로 "하나님의 큰 일"에 대해 듣게 됩니다. 이 오순절 사건은 하나님께서 원하시던 열방을 향한 선교의 모습을 담고 있습니다. 이날 베드로의 메시지를 듣고 3천 명이 회개하는 놀라운 역사가 일어납니다.

각 장의 중요 Point

1장 _ 약속
2장 _ 그날 다락방에서는

나를 위한 기도

부족한 나를 주님의 증인으로 불러주심을 감사드리며 이 감사와 기쁨이 멈추지 않고 열방을 향해 흘러가게 하소서.

공동체를 위한 기도

예루살렘에서부터 땅 끝까지 증인이 되라고 말씀하신 예수님의 지상명령을 삶의 내용으로 채워가며 선교에 전심전력을 다하는 공동체가 되게 하소서.

전도대상을 위한 기도

하나님의 마음 알아가기

삶으로 실천하기

November
11/13
317

마태복음 요한계시록

사도행전 3~5장

세워지는 초기교회

Tong Point 성령 받은 제자들에 의해, 예수의 이름으로 능력을 행하며 하나님의 은혜의 복음을 전하는 교회가 예루살렘에서 시작됩니다.

찬양

온 세상 위하여
새 찬송가 505장 〈통 268장〉

하나님의 마음 보기

어느 날 베드로와 요한은 함께 기도하기 위해 성전에 들어가다가 성전 미문에 있는 '나면서 못 걷게 된 이'를 고쳐줍니다. 이 기적은 나사렛 예수 그리스도의 이름에 능력이 있기 때문이었고, 그가 예수 그리스도의 이름을 믿었기 때문이었습니다. 이 기적이 일어나자 그곳에 수많은 사람들이 모여들었고 베드로는 그들에게 예수 그리스도의 죽음과 부활을 증거했습니다.

제사장들과 성전 맡은 자들, 사두개인들, 당시 종교 지도자들은 사도들이 예수님을 전하는 것을 매우 못마땅하게 여기고, 베드로와 요한을 잡아 가둡니다. 그러나 베드로와 요한은 공회원들 앞에서 거침없이 복음을 전합니다. 십자가에서 죽으신 예수님께서 바로 하나님의 아들이요, 온 세상의 구원자라고 선포합니다. 대제사장들과 종교 지도자들은 베드로와 요한이 담대하게 말함을 보고 그들을 본래 학문 없는 범인(凡人)으로 알고 있었다가 이상히 여깁니다. 복음을 전해 듣고 믿어 교회를 이룬 사람들은 자신들이 가진 모든 물건들을 서로 통용하며 나눠 쓰고, 재산이 있는 사람들이 가난한 성도들을 위해 자신의 재산을 팔아 내어놓습니다. 이렇게 초기교회는 성령의 도우심 가운데 기틀을 든든히 다져가게 됩니다.

각 장의 중요 Point

3장 _ 자랑스러운 이름
4장 _ 더욱 힘차게
5장 _ 위기의 극복

나를 위한 기도

하나님께서 주시는 복음의 능력으로 많은 사람의 마음을 얻게 하시고 마음을 같이 하여 하나님의 일을 감당하게 하소서.

공동체를 위한 기도

구원의 이름, 능력의 이름, 치유의 이름, 소망의 이름, 복의 근원이신 예수 그리스도를 힘 있게 선포하는 공동체가 되기를 원합니다.

전도대상을 위한 기도

하나님의 마음 알아가기

삶으로 실천하기

November
11/14
318

마태복음 요한계시록

사도행전 6~9장

그리스도인 핍박과 열방을 향한 흩어짐

Tong Point 박해를 피해 흩어진 초기교회 성도들의 발걸음을 통해 복음은 더욱더 넓은 지역으로 전파되어 갑니다.

찬양

빛의 사자들이여
새 찬송가 502장 〈통 259장〉

하나님의 마음 보기

초기 예루살렘 교인들의 숫자는 점점 늘어갔습니다. 그런데 공동체 내에서 일부 사람들의 불만이 나오기 시작했습니다. 헬라파 사람들이 제기한 불만은 '매일의 구제에 빠지는 것', 다시 말해 공동체 안에 있는 분배의 불평등에 대한 불만이었습니다. 사도들은 먼저 이러한 일이 왜 생겼는지 깊이 고민합니다. 그리고 중요한 원인 가운데 하나가 구제하는 일을 효과적으로 하지 못하여 공동체 전체에 균등한 배려가 잘 이루어지지 않았던 것에 있음을 알게 됩니다. 이에 사도들은 이 일을 자신들보다 더욱 잘 감당할 사람들을 선택하기로 합니다.

초기교회 공동체는 심사숙고하여 일곱 명을 뽑아 일꾼으로 세웁니다. 이 일곱 일꾼들의 선출 기준은 '성령과 지혜가 충만한 사람', 다른 사람들에게 '칭찬 받는 사람'이었습니다(행 6:3). 이렇게 일곱 일꾼들이 세워지고, 이들은 열두 사도들과 함께 역할을 잘 분담하여 초기교회를 더욱 튼튼하게 이끌어갑니다. 일곱 집사 중 스데반은 그리스도를 전하다가 기독교 최초의 순교자가 됩니다. 또한 사도행전 9장에는 초기교회 박해의 최전선에 있던 사울이 복음의 전도자로 급변하는 놀라운 사건이 기록되어 있습니다.

각 장의 중요 Point

6장 _ 창조적 대안
7장 _ 순교, 교회의 기초
8장 _ 흩어지는 사람들
9장 _ 다메섹 가는 길

나를 위한 기도

나의 나약함 때문에 하나님의 일이 지연되지 않게 하시고 하나님의 열심과 지혜를 가지고 공동체에 유익이 되게 하소서.

공동체를 위한 기도

이 땅의 교회가 핍박과 고난을 두려워하지 않게 하시고, 주님 오실 때까지 증인 되는 공동체의 사명을 잘 감당하게 하소서.

전도대상을 위한 기도

하나님의 마음 알아가기

삶으로 실천하기

November 11/15

319

마태복음 ——————————— 요한계시록

사도행전 10~12장

베드로와 고넬료의 만남

Tong Point 베드로는 고넬료와의 만남을 통해 비로소 선민의식을 깨고 복음이 만민을 위한 선물이라는 사실을 깨닫게 됩니다.

찬양

내가 예수 믿고서
새 찬송가 421장 〈통 210장〉

하나님의 마음 보기

어느 날, 베드로가 기도하는 중에 환상을 봅니다. 세 차례나 보인 그 환상이 무엇을 의미하는 것인지 고민하던 베드로에게 고넬료의 하인들이 찾아옵니다. 고넬료는 하나님을 경외하는 사람으로 유대 온 족속이 칭찬하는 사람이었습니다. 베드로가 고넬료의 집에 당도하자 로마의 백부장인 고넬료는 베드로 앞에 엎드려 절하며 그를 맞이합니다. 이는 당시 로마 제국에서 상상도 할 수 없는 일입니다. 이렇게 초기교회는 베드로와 고넬료의 만남으로 인해 복음 안에서 유대인과 이방인을 구분하는 편견이 깨지기 시작합니다.

유대 그리스도인들이 이방인에게 말씀을 전한 베드로를 비난하자 베드로는 자신이 본 환상과 이방인이 성령을 받은 사건을 설명합니다. 그러자 유대에 있던 사도들과 형제들이 "하나님께서 이방인에게도 생명 얻는 회개를 주셨도다"(행 11:18)라고 고백합니다. 이로써 예루살렘 교회는 '열방을 향한 교회'로 서게 됩니다. 스데반의 일로 인해 흩어진 사람들이 안디옥에 이르러 헬라인에게도 복음을 전했습니다. 이 소식을 들은 예루살렘 교회에서 바나바를 안디옥으로 파송합니다. 이때 바나바는 다소에 머물고 있던 사울을 데리고 와서 그의 사역 길을 열어줍니다.

각 장의 중요 Point

10장 _ 누구든지

11장 _ Be the Christian

12장 _ 고난과 영광

나를 위한 기도

자칫 잘못된 편견과 원칙에 사로잡혀 이웃들에게 상처를 주는 우를 범치 않게 하시고 언제나 열린 마음으로 주의 사랑을 전하게 하소서.

공동체를 위한 기도

십자가가 모든 민족을 향한 하나님의 세계경영임을 기억하며, 나라와 민족과 교회와 열방을 위해 기도하는 공동체가 되기를 원합니다.

전도대상을 위한 기도

하나님의 마음 알아가기

삶으로 실천하기

November

11/16

320

마태복음 요한계시록

사도행전 13장~15:35

1차 전도여행과 예루살렘 공의회

Tong Point 바나바와 바울을 주축으로 이방인을 향한 본격적인 전도사역이 시작되고, 예루살렘 공의회가 이를 공인합니다.

찬양

듣는 사람마다 복음 전하여
새 찬송가 520장 <통 257장>

하나님의 마음 보기

사울과 바나바는 이방인 선교의 전초기지가 된 안디옥 교회에서 파송을 받아 1차 전도여행을 떠납니다. 처음에는 회당을 중심으로 유대인들을 향해 복음을 전했지만, 사울은 곧 이방인들을 향해서 사역하게 됩니다. 1차 전도여행을 마치고 안디옥으로 돌아온 바울 일행은 앞으로 계속될 이방 선교를 위해 중요한 문제를 결정하기로 합니다. 그것은 이방인, 곧 할례를 받지 않은 사람들도 예수 그리스도의 복음을 받아들이면 하나님의 자녀가 될 수 있다는 안건을 예루살렘 교회에 가서 상정하고 결정하는 것이었습니다.

이 '율법과 구원'의 문제는 교회를 내부적으로 분열시킬 수도 있는 중차대한 사안이었기에, 사도와 장로들이 모두 모여 회의를 여는데, 이것이 예루살렘 공의회입니다. 먼저 베드로가 이방인 고넬료가 성령을 받은 사건을 증언하고, 바울과 바나바가 1차 전도여행에서의 사건을 말하는 등 오랜 시간 이 문제를 놓고 여러 사람들이 이야기를 나눈 후, 마지막으로 예수님의 동생 야고보가 회의의 결론을 내립니다. 그 결론은 '이방인 중에서 하나님께로 돌아오는 자들을 괴롭게 하지 말자'는 것입니다. 즉 할례나 율법의 준수가 구원의 기준이 될 수 없다는 것입니다.

각 장의 중요 Point

13장 _ 걸음이 미치는 곳마다
14장 _ 위기는 있으나 멈추지 않는다
15장 _ 이것만 지킨다면

나를 위한 기도

하나님께서 바라시는 옳은 일을 하다가 핍박을 받을 때 억울하게 생각하지 않고 오히려 성령이 주시는 기쁨으로 충만하게 하소서.

공동체를 위한 기도

예수님의 십자가가 모든 막힌 담을 허물었듯이, 하나 되게 하시는 성령의 능력으로 잘 어우러져 주님의 사명을 감당하는 공동체가 되기를 원합니다.

전도대상을 위한 기도

하나님의 마음 알아가기

삶으로 실천하기

November
11/17
321

마태복음 요한계시록

사도행전 15:36~18:22

2차 전도여행

Tong Point 바울은 새로운 동역자들과 함께 마게도냐 지역에서 복음을 전하며 많은 핍박 속에서도 복음의 능력을 체험합니다.

찬양

새벽부터 우리
새 찬송가 496장 〈260장〉

하나님의 마음 보기

1차 전도여행이 끝난 후, 바울은 바나바에게 그들이 복음을 전했던 곳을 다시 방문하자는 의견을 내놓습니다. 바나바는 바울의 그 계획에는 동의했지만, 마가 문제로 서로 헤어지게 됩니다. 이후 사도행전에서 바나바의 기록은 빠지지만, 바나바 역시 이후로도 귀한 사역을 하였으리라 충분히 짐작할 수 있습니다. 바울의 처음 계획은 1차 전도여행 지역을 돌아다니며 이미 세워진 교회들을 굳게 한 후, 복음의 기치를 들고 아시아로 가는 것이었습니다. 그러나 바울은 드로아에서 환상을 보고 유럽 지역 선교를 위해 마게도냐로 낯선 걸음을 옮기게 됩니다. 마게도냐의 첫 성(城)인 빌립보에 다다른 바울은 그곳에 빌립보 교회를 세우게 됩니다. 곧이어 바울은 남쪽 데살로니가로 내려갑니다. 헬라인의 많은 무리가 바울이 전하는 복음을 받아들이는 반면, 유대인들은 바울의 복음 전파를 시기하고 박해합니다. 할 수 없이 바울 일행은 밤에 베뢰아로 떠납니다.

바울의 전도여행은 이후 아덴과 고린도, 에베소로 계속됩니다. 에베소에서 더 오래 머물기를 원하는 여러 사람의 간청이 있었지만, "하나님의 뜻이면 너희에게 돌아오리라"(행 18:21)라고 말하고 바울은 다시 수리아 안디옥으로 떠납니다.

각 장의 중요 Point

16장 _ 주 예수를 믿으라
17장 _ 하나님 소개하기
18장 _ 또 하나의 열매를 바라시며

나를 위한 기도

하나님의 일을 하다가 다투는 일이 생기더라도 상대를 정죄하지 않게 하시고 성령께서 인도하심을 믿으며 최선을 다하게 하소서.

공동체를 위한 기도

어려운 문제가 발생할 때 믿음으로 함께 해결책을 마련하는 겸손하고 화합하는 지도자들이 우리 교회 공동체에 많아지기를 원합니다.

전도대상을 위한 기도

하나님의 마음 알아가기

삶으로 실천하기

November

11/18

322

마태복음 요한계시록

데살로니가전서 1~5장

믿음의 진보를 이루라

Tong Point 바울은 고난 중에도 신실하게 복음을 좇는 데살로니가 교회에 칭찬과 기쁨의 편지를 보내며 아버지의 심정으로 권면합니다.

찬양

주와 같이 길 가는 것
새 찬송가 430장 〈통 456장〉

하나님의 마음 보기

데살로니가전 · 후서는 바울이 2차 전도여행 때에 기록한 편지입니다. 바울이 2차 전도여행 중 고린도에서 1년 6개월 동안 머물 때 데살로니가 교회의 소식을 듣게 됩니다. 이전에 바울이 데살로니가에 머문 기간은 단지 3주뿐이었습니다. 그렇게 짧은 기간 동안 함께했던 이들이 핍박 가운데서도 신실하게 신앙을 지킨다는 소식을 디모데를 통해 듣게 된 바울은 기쁜 마음으로 데살로니가 교회에 편지를 보냅니다. 이것이 바로 데살로니가전서입니다.

그런데 교인들 중에 이 편지를 균형 있게 보지 못하고 한쪽으로 치우친 사람들이 생겼습니다. 바울의 편지를 읽으면서 바울이 몇 번 반복적으로 말한 '주의 강림'이라는 단어에만 지나치게 집중한 것입니다. 물론 예수님께서는 부활하신 후 승천하셨고, 올라가신 모습 그대로 반드시 재림하실 것입니다. 그 재림은 부활 이상으로 믿는 자들에게 크나큰 영광이며 승리의 결정체입니다. 바울은 이것을 강조했던 것입니다. 그런데 데살로니가 교인 중 몇몇이 일은 하지 않고 재림을 강조하며 다른 사람의 일을 방해한다는 소식을 들은 바울은 다시 펜을 들어 두 번째 편지를 씁니다.

각 장의 중요 Point

1장 _ 복음의 능력
2장 _ 본이 되는 교회
3장 _ 아름다운 믿음
4장 _ 죽음, 그 이후를 기억하라
5장 _ 삶의 내용으로

나를 위한 기도

내가 속한 신앙의 공동체가 칭찬을 받을 수 있도록 믿음의 동역자들과 더불어 신실함으로 나아가게 하소서.

공동체를 위한 기도

고난 중에도 신실하게 복음의 삶을 살았던 데살로니가 교회처럼, 오늘날 교회 공동체가 믿음의 역사와 사랑의 수고와 소망의 인내를 이루어가게 하소서.

전도대상을 위한 기도

하나님의 마음 알아가기

삶으로 실천하기

Worship

소그룹예배

복음과 증인

사도행전 1장–18:22, 데살로니가전서

기도로 예배를 시작합니다.

이 시간, 우리가 함께 모여 하나님께 드리는 이 예배를 기뻐 받아주시고, 예배드리는 가운데 하나님의 마음과 뜻을 깨달아 알 수 있도록 지혜를 주소서.

함께 **찬양**을 부르세요.

"듣는 사람마다 복음 전하여" 새 찬송가 520장 〈통 257장〉

성경을 **소리 내어** 함께 읽고 오늘 본문의 **통通 이야기**를 들려주세요.

* 사도행전 13장 1-3절

초기교회 사도들은 곳곳으로 나아가 복음을 증거합니다. 빌립은 에디오피아의 국고를 맡은 이에게, 베드로는 로마 백부장 고넬료에게 복음을 전합니다. 한편, 바울은 다메섹 도상에서 회심을 경험하고 이방인을 위한 사도로 부르심을 받아 첫 전도여행을 시작합니다.

말씀을 통해 알 수 있는 **하나님의 마음**을 생각하며 함께 마음을 나눕니다.

* 하나님의 말씀은 힘 있고 능력이 있어 어떠한 환난과 핍박에도 무너지지 않습니다. 나에게 힘을 주는 말씀을 각자 소개해봅시다.

* 하나님께서는 이 땅의 모든 그리스도인들이 복음의 증인이 되어 날마다 전도인의 삶을 살기를 바라십니다. 전도했던 경험을 함께 나누어봅시다.

서로 **축복의 말**을 함께 나눕니다.

"예수 그리스도의 복음을 증거하는 멋진 신앙인이 되고 싶어요."

함께 기도하며, 연이어 주님이 가르쳐주신 기도로 예배를 마칩니다.

날마다 하나님께서 채워주시는 성령과 말씀의 은혜를 입게 하여 주시고, 주님의 말씀을 삶으로 증거하는 증인이 될 수 있도록 이끌어주소서.

마태복음 요한계시록

November
11/19
323

데살로니가후서 1~3장

수고하여 구원을 이루어가라

Tong Point 주의 재림을 기다린다면서 마음의 중심을 잃고 일상에서 일탈한 자들에게 바울은 책임 있는 삶에 대해 교훈합니다.

찬양

겸손히 주를 섬길 때
새 찬송가 212장 <통 347장>

하나님의 마음 보기

바울이 데살로니가에 보낸 편지(데살로니가전서)를 읽고 일부 사람들이 바울의 의도를 오해하여 문제가 생겼다는 소식이 들립니다. 바울은 이들을 위해 다시 데살로니가 교회에 편지를 써 보내는데, 그것이 바로 데살로니가후서입니다. 바울은 먼저 자신이 그들을 자랑스러워하고 있다는 사실을 알려줍니다. 그들이 당하고 있는 고통은 영원한 것이 아니라 잠시 지나가는 시험이요, 바울처럼 멀리서 기도하며 함께하는 이들이 있으며, 또 하나님께서 함께하시어 결국에는 지금의 고통을 보상해주실 것이라고 위로합니다.

그리고 난 후, 바울은 예수님의 재림이 얼마 남지 않았다는 이유를 대며 마음의 중심을 잃고, 일상생활을 바르게 하지 못하는 일부 교인들에게 따끔하게 충고합니다. 이들이 주님의 재림을 기다린다는 핑계를 대며 일하지 않음으로써 교회를 힘들게 할 뿐만 아니라, 성실하게 일하는 사람들의 의욕을 잃게 만들었기 때문입니다. 바울은 이러한 병폐를 치료하기 위해, "조용히 일하여 자기 양식을 먹으라"(살후 3:12)라고 처방을 내립니다. 그러면서 자신이 데살로니가에서 복음을 전할 때, 아무에게도 폐를 끼치지 않으려고 자비량으로 사역했었음을 상기시킵니다.

각 장의 중요 Point

1장 _ 위로의 편지
2장 _ 균형 감각
3장 _ 책임 있는 그리스도인

나를 위한 기도

복음으로 인한 고난을 기쁘게 받으며 주님의 뜻을 이 땅 가운데 이루고자 힘쓰는 하나님의 자녀가 되게 하소서.

공동체를 위한 기도

주님이 택하여 자녀 삼아주신 교회가 세상의 질서와 관행 앞에 구별되어 주님의 이름을 높이는 거룩한 공동체가 되기를 원합니다.

전도대상을 위한 기도

하나님의 마음 알아가기

삶으로 실천하기

November
11/20
324

마태복음 요한계시록

갈라디아서 1~3장

진리 안에서 자유하라

Tong Point 거짓 진리에 휩쓸리는 갈라디아 교인들에게 바울은 율법의 행위로가 아니라 오직 믿음 안에서 자유를 얻게 됨을 강조합니다.

찬양

죄에서 자유를 얻게 함은
새 찬송가 268장 <통 202장>

하나님의 마음 보기

'자유를 위한 대선언'이라고 불리는 갈라디아서는 갈라디아 지방에 있는 여러 교회들에게 바울이 보낸 편지입니다. 바울이 모진 고생을 참아낸 것도, 자신의 모든 기득권을 포기한 것도, 긴 여행길을 마다하지 않았던 것도, 모두 복음을 전해야 한다는 사명감 때문이었습니다. 그 같은 바울의 헌신을 바탕으로 세워진 갈라디아 교회로부터 들려온 소식은 바울이 전한 복음 외에 다른 복음을 전하는 이들이 있다는 것이었습니다. 뿐만 아니라 그 거짓 진리에 휩쓸리는 사람이 적지 않다는 것입니다. 바울이 전하지 않은 복음이란, 예수님을 믿는 모든 사람들이 유대인의 규례대로 할례를 받아야만 구원을 얻을 수 있다는 주장이었습니다. 즉 율법을 지켜야 구원을 받는다는 것입니다.

이 소식을 들은 바울은 갈라디아서를 통해 거짓 복음에 흔들린 갈라디아 교인들을 책망합니다. 바울은 자신의 주장, 곧 할례와 상관없이 오직 예수님을 믿는 믿음으로 구원받는다는 주장을 조금도 굽히지 않습니다. 그러면서 자신이 진리를 지키기 위해 힘쓰고 있다고 강력하게 호소합니다. 할례나 율법이 아니라 오직 믿음으로써만 의롭게 된다는 진리를 지키기 위해 바울이 끝까지 싸우고 있습니다.

각 장의 중요 Point

1장 _ 그건 아니야
2장 _ 진리의 편에 서서
3장 _ 차별 없는 세상

나를 위한 기도

나에게 참된 생명의 길로 나아갈 수 있는 기쁨의 소식, 복음을 주신 것에 감사하며 어떤 상황에서도 믿음이 흔들리지 않게 하소서.

공동체를 위한 기도

교회가 사도의 전통이 아닌 율법에 얽매여 주님의 가르침을 떠나지 않도록 하시고 오직 하나님만을 경외하는 공동체가 되게 하소서.

전도대상을 위한 기도

하나님의 마음 알아가기

삶으로 실천하기

November 11/21

325

마태복음 — 요한계시록

갈라디아서 4~6장

성령의 열매를 맺으라

Tong Point 바울은 믿음을 통해 얻은 진정한 자유를 가지고, 사랑 안에서 서로 종노릇하며 성령의 아름다운 열매를 맺으라고 가르칩니다.

찬양

주 예수님 내 맘에 오사
새 찬송가 286장 〈통 218장〉

하나님의 마음 보기

바울은 갈라디아서 4장에서 율법과 믿음의 관계를 비유를 들어 설명하고 있습니다. 율법에 얽매여 믿음을 얻지 못할 때에는 우리가 종이었으나 이제는 믿음으로 말미암아 하나님의 자녀가 되었다는 것입니다. 바울은 갈라디아 교인들이 약속의 자녀라는 자부심을 가지고 율법에서 자유하여 그리스도 안에서 성숙해가기를 바라고 있습니다.

바울은 갈라디아 교인들이 그리스도의 형상을 이룰 때까지 해산하는 수고도 마다하지 않겠다고 말합니다. 바울은 예수를 믿는 그리스도인은 모든 율법으로부터 자유하다고 선언합니다. 더 나아가 바울은 하나님께서 주신 자유를 온전히 사용할 정확한 기준을 제시합니다. 곧 하나님께서 주신 자유를 자기 유익의 기회로 삼지 말고 사랑으로 서로의 종이 되라는 것입니다. 바울이 스스로 고백한 것처럼, 예수님의 사람은 육체와 함께 정욕과 탐심을 십자가에 못 박아야 하는 것이 신앙인의 정도(正道)입니다. 바울은 "우리 주 예수 그리스도의 십자가 외에 결코 자랑할 것이 없으니"(갈 6:14)라고 당당히 선포합니다. 예수 그리스도의 복음을 마음으로 믿어 구원에 이르는 데에는 다른 조건이 있을 수 없습니다.

각 장의 중요 Point

4장 _ 그리스도의 형상을 이룰 때까지
5장 _ 자유의 깃발
6장 _ 오직 예수

나를 위한 기도

믿음 안에서 항상 열심을 내며 살게 하시고, 주의 일을 위해 달려 나갈 때 쉽게 지치지 않는 힘과 능력도 허락하여 주소서.

공동체를 위한 기도

믿음을 통한 진정한 자유를 가지고, 사랑 안에서 서로 종노릇하며 성령의 아름다운 열매를 맺어가는 믿음의 공동체가 되게 하소서.

전도대상을 위한 기도

하나님의 마음 알아가기

삶으로 실천하기

November 11/22

326

마태복음 — 요한계시록

사도행전 18:23~19장

3차 전도여행

Tong Point 바울은 로마에까지 가서 복음을 전하려는 소망 가운데, 에베소에 2년간 머물며 집중적으로 복음의 일꾼들을 세워갑니다.

찬양

기쁜 소리 들리니
새 찬송가 518장 〈통 252장〉

하나님의 마음 보기

사도행전 18장 23절부터 20장 16절까지는 약 4년에 걸쳐 이루어지는 바울의 3차 전도여행에 관한 기록입니다. 그 가운데 19장까지는 3차 전도여행의 시작부터 에베소에서 3년간 머물렀던 때까지의 이야기입니다.

바울이 소아시아의 수도인 에베소에 도착하기 전, 바울보다 먼저 에베소에 머물고 있던 알렉산드리아 출신의 아볼로는 일찍 주의 도를 배워 열심히 예수님에 관한 것을 가르치고 있었습니다. 그러나 아직 요한의 세례만 알고 있는 아볼로를 보고, 브리스길라와 아굴라는 그가 보다 온전한 복음을 전할 수 있도록 도와줍니다. 그 무렵 에베소에 도착한 바울은 복음을 잘 받아들이는 사람들을 따로 모아 약 2년 동안 두란노 서원에서 집중적으로 가르칩니다. 이때 바울을 통해 교육받은 이들이 복음의 능력을 전함으로써 에베소의 많은 사람이 예수님을 믿게 됩니다. 이러한 상황 속에서 바울은 예루살렘을 마지막으로 방문한 후 당시 세계의 중심지인 로마에 가겠다는 새로운 계획을 세웁니다. 바울은 디모데와 에라스도를 마게도냐로 보내고, 자신은 에베소에 잠시 더 머무릅니다. 그러나 바울에게 불만을 품은 은장색과 직공들의 소동으로 인해 바울은 에베소를 떠나야 했습니다.

각 장의 중요 Point

18장 _ 또 하나의 열매를 바라시며
19장 _ 숲에서 볼 때

나를 위한 기도

하나님의 일을 하다가 방해를 받더라도 식을 줄 모르는 열정과 비전으로 이 땅에 하나님의 나라를 이루어가게 하소서.

공동체를 위한 기도

사도 바울이 에베소에 2년간 머물며 집중적으로 복음의 일꾼들을 세웠던 것처럼, 우리 교회가 복음의 일꾼들을 많이 배출하는 공동체가 되기를 원합니다.

전도대상을 위한 기도

하나님의 마음 알아가기

삶으로 실천하기

November
11/23
327

마태복음 요한계시록

고린도전서 1~4장

십자가의 도

Tong Point 고린도 교회 내에 있는 분쟁에 대한 소식을 들은 바울은 하나님의 지혜와 십자가의 능력 안에서 하나가 될 것을 권면합니다.

찬양

예수 따라가며
새 찬송가 449장 〈통 377장〉

하나님의 마음 보기

바울이 3년간 에베소에 있을 때, 고린도 교회에서 목회를 하고 있던 아볼로가 바울을 찾아옵니다. 그가 전한 소식은 고린도 교회에 많은 문제가 있다는 것이었습니다. 바울은 2차 전도여행 중 고린도에 1년 6개월 정도 머물면서 복음을 전하여 고린도 교회를 세웠습니다. 이후 바울이 떠나고 아볼로가 고린도 교회의 목회를 하게 되었는데, 아볼로를 유난히 좋아하는 사람들이 생겨 무리를 이루었습니다. 그러자 다른 무리들이 처음 복음을 전해준 바울을 따르자며 또 다른 모임을 만들었습니다. 곧이어 또 다른 무리들이 예수님의 제자인 베드로를 따르는 분파를 만들었고, 이곳에도 저곳에도 들지 않은 이들이 모여서 그리스도를 따르는 사람들이라는 이름으로 분파를 만들었습니다.

이 소식을 들은 바울은 고린도 교회에 복음의 능력 안에서 하나가 되라고 권면하는 편지(고린도전서)를 보냅니다. 사람의 지혜가 아닌 하나님의 지혜를 인정할 때 서로의 작은 차이는 그 안에서 사라지게 된다고 강조합니다. 그리고 하나님의 지혜와 능력을 이야기합니다. 바울이 고린도 땅에 복음의 씨를 뿌렸고 아볼로가 그 밭에 물을 주었습니다. 그러나 바울은 오직 자라나게 하시는 분은 하나님뿐이라고 증거합니다.

각 장의 중요 Point

1장 _ 하나 됨의 원리
2장 _ 자기고백
3장 _ 분열이 가져온 고통
4장 _ 실천력

나를 위한 기도

오늘도 나의 삶 가운데 오직 성령의 나타나심과 능력이 드러나게 하시고 부족한 나를 통해 주님의 선한 역사가 이루어지게 하소서.

공동체를 위한 기도

자라게 하시는 하나님의 말씀을 믿고 열심히 복음의 씨앗을 뿌리며 기쁨으로 사명을 감당하는 아름다운 공동체가 되게 하소서.

전도대상을 위한 기도

하나님의 마음 알아가기

삶으로 실천하기

November

11/24

328

마태복음 요한계시록

고린도전서 5~8장

교회를 위한 권면

Tong Point 바울은 공동체 안에서 습관적으로 행해지는 죄악은 단호히 잘라내고, 이웃과의 관계는 겸손과 사랑으로 세워가라고 충고합니다.

찬양

세상 모든 풍파 너를 흔들어
새 찬송가 429장 〈통 489장〉

하나님의 마음 보기

고린도 교인들은 교회 안에 발생한 갈등과 허물을 교회 공동체 내에서 제대로 해결하지 못했습니다. 급기야 교회 구성원들 간의 문제가 세상의 법정에서 다루어지게 되는 부끄러운 상황에까지 이르게 됩니다. 이런 소식을 들은 바울은 "너희가 피차 고발함으로 너희 가운데 이미 뚜렷한 허물이 있나니 차라리 불의를 당하는 것이 낫지 아니하며 차라리 속는 것이 낫지 아니하냐"(고전 6:7)라는 말로 책망하고, 지혜롭고 공정하게 불의를 판단할 것을 가르칩니다.

고린도 교회가 혼란스러워하던 문제들 중에는 처녀가 결혼하는 문제도 포함되어 있었습니다. 바울은 결혼을 하든, 안 하든 몸과 마음을 다해 하나님을 섬기는 것이 더 중요하다고 말합니다. 또한 고린도 교회에서 새로 교인이 된 사람들이나 아직 믿음이 약한 사람들에게 우상의 제물을 먹는 문제가 혼란을 주자, 바울은 근본적으로는 하나님께서 주신 것이기 때문에 믿음으로 먹으면 아무런 문제가 되지 않는다고 설명합니다. 그러나 믿음과 지식이 있는 사람이 우상에게 바쳐진 고기를 먹는 모습을 아직 그만한 믿음을 갖추지 못한 연약한 형제가 보고 실족한다면, 그를 배려하여 우상의 제물을 먹지 않는 것이 더욱 유익하다고 말합니다.

각 장의 중요 Point

5장 _ 시대의 음란함을 제거하라
6장 _ 불의에 대하여는 단호히
7장 _ 시선 집중
8장 _ 사랑은 덕을 세웁니다

나를 위한 기도

내가 습관적으로 범하고 있는 죄악에 대해 민감하게 인식하게 하시고 성령의 도우심으로 이겨내게 하소서.

공동체를 위한 기도

믿음이 연약한 이웃들을 품고 배려하며, 세상의 이웃에게 그리스도의 향기를 발할 수 있는 공동체가 되게 하소서.

전도대상을 위한 기도

하나님의 마음 알아가기

삶으로 실천하기

November

11/25

329

마태복음 요한계시록

고린도전서 9~11장

스스로 권리를 포기한 바울의 당부

Tong Point 복음을 위해 자신의 권리를 포기한 바울, 그의 이러한 실천은 예수 그리스도를 아는 지식에 기초하고 있습니다.

찬양

주 예수 이름 소리 높여
새 찬송가 356장 〈통 396장〉

하나님의 마음 보기

바울은 아볼로가 전해준 고린도 교회의 문제들에 관해 하나하나 해결책을 써내려 갑니다. 바울은 "무릇 이방인이 제사하는 것은 귀신에게 하는 것이요 하나님께 제사하는 것이 아니니"(고전 10:20)라고 하며, 우상을 섬기는 이방 문화를 받아들인 그들을 책망합니다. 하나님만이 유일한 신이시고 영광 받으실 분이심을 확신하고 있는 바울은 고린도 교회 역시 바로 그 확신에 거하길 소원합니다.

바울은 또 "너희가 먹든지 마시든지 무엇을 하든지 다 하나님의 영광을 위하여 하라"(고전 10:31)라고 권고합니다. 바울은 모든 사람을 기쁘게 하고, 자신의 유익을 구함보다 다른 사람의 유익을 구하라고 당부합니다. 그럼으로써 한 지체라도 하나님을 멀리하여 구원을 잃어버리는 일이 없도록 하는 것이 중요하기 때문입니다. 특별히 교회의 하나 됨은 식탁에서부터 이루어져야 합니다. 고린도 교회의 분열은 그들의 식탁 문화에서부터 시작되었습니다. 함께 음식을 먹는 자리에 파당이 형성되었던 것입니다. 이에 바울은 성만찬을 다시 가르쳐줍니다. 바울은 교회 안에서는 예수님의 피와 살을 기억하며 서로를 배려하는 식탁이 이루어져야 한다고 말합니다. 움켜쥐는 욕심이 아닌, 내어주는 사랑이 풍성한 나눔을 만듭니다.

각 장의 중요 Point

9장 _ 권리 포기
10장 _ 하나님께는 영광을 이웃에게는 기쁨을
11장 _ 행복한 밥상

나를 위한 기도

내가 사용할 수 있는 힘을 하나님과 이웃을 위한 일에 선용할 수 있는 지혜를 주시고 하나님께 영광을 돌리게 하소서.

공동체를 위한 기도

복음을 위해 권리를 포기했던 바울처럼, 이 시대의 교회가 복음과 전도를 위해 많은 기득권을 포기하는 공동체가 되게 하소서.

전도대상을 위한 기도

하나님의 마음 알아가기

삶으로 실천하기

Worship

소그룹예배

오직 은혜, 오직 믿음

데살로니가후서, 갈라디아서, 사도행전 18:23-19장, 고린도전서 1-11장

기도로 예배를 시작합니다.

이 시간, 우리가 함께 모여 하나님께 드리는 이 예배를 기뻐 받아주시고, 예배드리는 가운데 하나님의 마음과 뜻을 깨달아 알 수 있도록 지혜를 주소서.

함께 **찬양**을 부르세요.

"주 믿는 사람 일어나" 새 찬송가 357장 〈통 397장〉

성경을 **소리 내어** 함께 읽고 오늘 본문의 **통通 이야기**를 들려주세요.

* 갈라디아서 3장 1-14절

하나님께서 예수 그리스도를 통해 우리에게 주신 사랑은 오직 은혜였습니다. 그 은혜에 대한 믿음의 고백을 통해 우리는 구원의 기쁨을 누립니다. 그런데 갈라디아 교회에서 다시금 율법과 행위로 돌아가려는 움직임이 있자 바울은 이를 바로잡기 위해 온 열정을 쏟습니다.

말씀을 통해 알 수 있는 **하나님의 마음**을 생각하며 함께 마음을 나눕니다.

* 하나님께서는 바울을 통해 그리스도인들은 율법의 행위가 아닌 오직 믿음을 통해 사는 것이라고 말씀하십니다. 하나님 앞에서 우리는 믿음으로 반응하고 있습니까?

* 하나님께서 말씀을 통해 들려주시는 믿음의 내용은 구체적으로 무엇입니까? 예수님의 이야기가 기록된 복음서가 곧 우리가 믿어야 할 믿음의 내용입니다.

서로 **축복의 말**을 함께 나눕니다.

"우리 공동체가 하나님의 은혜와 믿음으로 가득하길 바랍니다."

함께 기도하며, 연이어 주님이 가르쳐주신 기도로 예배를 마칩니다.

하나님을 알면 알수록, 신앙생활을 하면 할수록 우리의 믿음이 자라게 해주시고, 믿음의 열매를 맺는 삶으로 이 땅에 하나님 나라를 세워가게 해주소서.

November 11/26

330

마태복음 요한계시록

고린도전서 12~14장

성령이 주신 은사

Tong Point 은사는 여러 가지이지만 결국 그것을 주시는 분은 하나님 한 분이시고, 그 쓰임은 교회 내의 화목과 유익을 위한 것입니다.

찬양

사론의 꽃 예수
새 찬송가 89장 〈통 89장〉

하나님의 마음 보기

하나님께서 주신 선물인 은사는 교회 안에서 차별을 만들기 위함이 아니라 교회 안에서 더 큰 화목을 이루고, 사랑을 넘치게 하는 데 진정한 목적이 있습니다. 그런데 고린도 교인들은 하나님의 귀한 선물을 올바르게 이해하지 못하고, 서로의 은사로 인하여 질투하고 시기하는 모습을 보였습니다.

사도 바울은 교회의 머리 되신 분이 예수님이시며, 그 몸과 지체인 성도들은 서로 서로 돌보아야 하는 대상임을 강조합니다. 성령의 은사를 내세워 불화와 반목을 일으켰던 고린도 교인들을 향하여 은사의 참된 목적을 강조한 바울은 고린도전서 13장에서 최고의 은사인 '사랑'에 관해 언급합니다. "사랑은 오래 참고 사랑은 온유하며 시기하지 아니하며 사랑은 자랑하지 아니하며 교만하지 아니하며 무례히 행하지 아니하며 …"(고전 13:4-7)라고 사랑의 고귀한 속성들을 나열해줍니다. 성령의 은사는 교회 안에서 반드시 깊은 사랑을 품고 발휘되어야 합니다. 이 사실을 잘 알고 있는 바울은 신령한 은사를 화평의 도구로 사용하지 못하는 고린도 교회를 바라보며 안타까움을 금하지 못합니다. 바울은 고린도 교회를 향해 서로 높아지려 하기보다는 겸손하게 낮아져서 서로 사랑하고 화합할 것을 권면합니다.

각 장의 중요 Point

12장 _ 주인 찾아주기
13장 _ 사랑이란…
14장 _ 은사, 화평의 도구

나를 위한 기도

하나님께서 내게 주신 은사를 감사한 마음으로 겸손히 사용하게 하시고 이를 통해 교회 공동체에 큰 유익을 세우게 하소서.

공동체를 위한 기도

우리 공동체가 그리스도의 마음으로 교회를 사랑하며 세워갈 수 있도록 주의 지혜와 은혜를 허락해주소서.

전도대상을 위한 기도

하나님의 마음 알아가기

삶으로 실천하기

마태복음 요한계시록

November

11/27

331

고린도전서 15~16장

그리스도의 부활과 연보

Tong Point 바울은 부활을 소망하며 구별된 삶을 살자고 강조하고, 예루살렘 교회를 구제하는 일에 적극적으로 나서기를 독려합니다.

찬양

이 몸의 소망 무언가
새 찬송가 488장 〈통 539장〉

하나님의 마음 보기

사도 바울은 고린도 교인들을 향한 가르침의 마지막을 '예수 그리스도의 부활'로 마무리하고 있습니다. 그리스도인은 부활을 소망하며 구별된 삶을 살아야 한다는 것입니다. 구별된 삶을 산다는 것은 세상에 휩쓸리지 않고, 담대한 믿음으로 거룩한 삶을 살아야 함을 의미합니다. 바울은 로마 시민권을 소유한 사람이었지만, 천국의 시민권에 소망을 두고 있던 사람이었습니다. 이런 그가 고린도 교인들에게 썩어질 것을 붙들지 말고 썩지 않을 영원의 것을 붙잡으라고 조언합니다.

바울은 편지 마지막 즈음에 예루살렘 교회 교인들을 돕기 위한 구제헌금에 적극 참여할 것을 독려합니다. 복음에 장애가 되지 않기 위해 자신의 필요를 스스로 채웠던 바울이 가난하고 어려운 성도들의 필요를 채우는 일에는 교회가 적극적으로 나서도록 독려하고 있는 것입니다. 그리고 모든 사항에 대해 구체적인 대안을 알려준 바울은 마지막으로 "너희 모든 일을 사랑으로 행하라"(고전 16:14)라고 말합니다. 바울은 이 편지를 써서 고린도 교회에 보낼 때, 아볼로에게 고린도로 다시 돌아가라고 여러 차례 권면했지만, 아볼로는 지금은 전혀 갈 마음이 없다고 합니다. 이제 디모데가 고린도 교회에 바울의 마음이 담긴 편지를 잘 소개할 것입니다.

각 장의 중요 Point

15장 _ 안내도(案內圖)
16장 _ 이웃을 섬기는 교회

나를 위한 기도

오늘도 하나님 나라에 대한 소망을 품고 썩어질 것을 붙들지 않고 썩지 않을 영원한 것을 붙잡고 살게 하소서.

공동체를 위한 기도

우리 공동체가 영원한 하늘 소망을 바라보며 어떠한 환경과 형편에도 굴하지 않고 믿음으로 승리하게 하소서.

전도대상을 위한 기도

하나님의 마음 알아가기

삶으로 실천하기

November
11/28
332

마태복음 요한계시록

고린도후서 1~4장

너희는 그리스도의 편지

Tong Point 그리스도인들을 통해서 전달되는 그리스도의 향기는 세상 사람들에게 생명을 주고 구원에 이르게 하는 통로입니다.

찬양

내 주의 나라와
새 찬송가 208장 <통 246장>

하나님의 마음 보기

바울은 편지 사역을 통하여 고린도 교회를 진리 위에 세우고자 했습니다. 그런데 이 편지로 인해 오히려 역효과가 난 분파도 있었습니다. 바울을 따르던 분파는 바울이 보내온 해결 방책이 옳다고 수용했겠지만, 일부 고린도 교인들은 바울을 비난하며 바울의 사도 됨을 의심하는 등 책임 없는 이야기들을 쏟아놓았던 것입니다. 고린도 교회에 편지를 보내고 여러 문제들에 대한 해결의 실마리가 생기기를 기대하고 있었던 바울은 뜻밖에 기대에 못 미치는 반응이 교회로부터 당도하자 그들에게 다시 편지를 써서 보냅니다. 그 편지가 고린도후서입니다.

바울은 먼저 고린도 교회로 인해 그동안 걱정하고 근심하였으나 끝에는 하나님께 대한 감사로 충만해진 자신을 돌아보며, 환난 중에 위로하시는 하나님을 찬양합니다. 그리고 자신이 직접 고린도 교회를 방문하여 교회의 여러 문제를 해결하는 데에 도움을 주고 싶은 마음이 간절하였으나 그 계획이 뜻대로 되지 않았던 이유 중 하나가 아시아에서 당한 고난 때문이었다고 말합니다. 바울은 고린도 교인들이 바로 그가 전한 복음의 결과로 나타난 그리스도의 편지이자, 자신이 하나님의 종이라는 사실에 대한 증거라고 고백합니다.

각 장의 중요 Point

1장 _ 다시 쓰는 편지
2장 _ 통로
3장 _ 하늘 이력서
4장 _ 질그릇에 담긴 보배

나를 위한 기도

세상의 죄와 더러운 것으로부터 구별된 삶을 살아갈 수 있는 분별의 지혜를 주시고 그리스도의 향기로 살게 하소서.

공동체를 위한 기도

우리 교회 공동체가 온 세상 사람들에게 그리스도의 향기가 되어, 생명을 주고 구원에 이르게 하는 복의 통로가 되기를 원합니다.

전도대상을 위한 기도

하나님의 마음 알아가기

삶으로 실천하기

November
11/29
333

마태복음 요한계시록

고린도후서 5~9장

그리스도인의 구별된 삶

Tong Point 성령의 감화 가운데 화목하게 하는 직책을 수행하며, 상황과 형편을 넘어 섬김에 앞장서는 것이 성도의 마땅한 본분입니다.

찬양

갑비싼 향유를 주께 드린
새 찬송가 211장 〈통 346장〉

하나님의 마음 보기

고린도 교회가 구원의 은혜를 받는 과정에는 복음을 위한 바울의 수고가 있었습니다. 바울은 자랑할 것이 많은 사람입니다. 그러나 겉으로 보이는 것보다 마음에 새겨진 것을 자랑하면서 지금껏 달려왔습니다. 바울은 자신을 향한 하나님의 보호하심과 동행하심이 멈추지 않으리라는 큰 확신을 가지고 있었습니다.

바울은 이전 편지(고린도전서)에 연보를 부탁한 일로 큰 오해를 받았지만, 연보를 모으는 일을 포기하지 않습니다. 복음 전파를 위하여 자비량의 원칙을 끝까지 지켰던 바울이 가난한 성도들을 위해서는 이처럼 열심히 연보를 모으는 것입니다. 바울은 고린도 교회가 예전부터 미리 연보를 준비하고 있는 줄 알고 있다고 이야기합니다. 그들의 헌신에 하나님께서 더욱 풍성히 채워주시리라고 축복하기도 합니다. 복음을 위해서라면 자신에게 있는 모든 특권을 포기할 수 있었던 바울은 도움이 필요한 성도들을 위해서라면 교회를 설득하여 이렇게 철저히 연보를 유도할 수 있었던 사람입니다. 아울러 바울은 이 일의 추진 과정에서 생길 수 있는 오해와 갈등을 미리 조심하기 위해, 많은 연보를 가져와 전달해야 하는 일을 모든 성도가 신뢰할 수 있는 디도에게 맡깁니다.

각 장의 중요 Point

5장 _ 새로워지는 삶
6장 _ 처방전
7장 _ 종의 기쁨
8장 _ Never Never Give Up!
9장 _ 설득의 기술

나를 위한 기도

오늘도 예수님의 십자가의 사랑으로 하나님과 화목하게 하시고 말씀 안에서 힘을 얻어 새로운 피조물로 살아가게 하소서.

공동체를 위한 기도

우리 공동체가 서로 정죄하고 판단하는 공동체가 아니라, 회개하며 서로를 위로하는 생명의 공동체가 되게 하소서.

전도대상을 위한 기도

하나님의 마음 알아가기

삶으로 실천하기

November
11/30
334

마태복음 요한계시록

고린도후서 10~13장

바울의 참된 자랑

Tong Point 바울은 약함을 통해 역사하시는 하나님의 능력을 자랑하며, 사랑 가운데 그리스도의 몸 된 교회를 세워가라고 권면합니다.

찬양

주 예수보다 더 귀한 것은 없네
새 찬송가 94장 〈통 102장〉

하나님의 마음 보기

바울은 앞서 편지(고린도전서)를 보내면서 말미에 '매주 첫날에 너희 각 사람이 수입에 따라 모아 두라'는 당부를 했는데(고전 16:2), 이것이 고린도 교인들 사이에서 논란이 됩니다. 예루살렘 교회를 위한 연보 준비를 부탁한 말에, 바울이 겉으로는 자비량 사역자인 척하면서 결국 사람을 보내서 돈을 걷어간다고 오해하였던 것입니다.

그러자 바울은 "원하건대 너희는 나의 좀 어리석은 것을 용납하라"(고후 11:1)라고 전제한 후, 지난 시절 자신이 복음을 전하는 가운데 어떤 고난을 당했는지 털어놓고 있습니다. 고린도 교인들이 자신이 전한 복음의 내용까지 왜곡시키는 것을 보고 이를 막아야 한다는 생각에서 이렇게 쓰고 있는 것입니다. 이 편지를 통해 바울이 전도여행 과정에서 얼마나 많은 고난을 겪었는지 알 수 있습니다. 그런가 하면 바울은 자신에게 영적 경험이 부족하다고 공격한 이들에 대하여 셋째 하늘에 갔었던 경험을 이야기합니다. 바울이 여기에서 영적 경험을 이야기하는 이유는 자신의 영적 능력을 드러내기 위함이 아니라, 자신의 약한 부분을 통해 역사하시는 하나님의 크신 능력을 드러내기 위함이었습니다.

각 장의 중요 Point

10장 _ 부끄러운 자랑　　11장 _ 누구를 위하여 받는 고난인가
12장 _ 약함의 능력　　13장 _ 바로 서기

나를 위한 기도

세상의 자랑거리에 나의 마음이 빼앗기지 않게 하시고 영원히 변하지 않는 진리의 말씀에 나의 마음을 두며 평생의 자랑으로 삼게 하소서.

공동체를 위한 기도

그리스도의 몸 된 교회를 세워가기 위해 약한 것들과 능욕과 궁핍과 박해와 곤고를 담대히 감당하는 진리의 공동체가 되게 하소서.

전도대상을 위한 기도

하나님의 마음 알아가기

삶으로 실천하기

12
December

December
12/1
335

마태복음 요한계시록

사도행전 20:1~6, 로마서 1~3장

복음에 빚진 자

Tong Point 예수의 이름이 세상 그 무엇과도 바꿀 수 없는 값진 보물임을 확신한 바울은 자신이 그 귀한 복음에 빚진 자라고 고백합니다.

찬양

오랫동안 모든 죄 가운데 빠져
새 찬송가 284장 〈통 206장〉

하나님의 마음 보기

바울은 두란노 서원에서 2년 동안 머물며 제자들을 가르치고, 고린도전·후서를 썼던 에베소를 떠나서 마게도냐 지방을 다녀가며 제자들을 만나 예수 그리스도의 복음을 전합니다. 바울은 그 일을 마친 후 고린도에서 석 달 정도 머무릅니다. 그 후 바울은 고린도 교회와 작별하고 오순절 전에 예루살렘에 갈 계획을 세웁니다. 즉, 마지막으로 예루살렘을 방문해 공식적인 선교보고를 마치고, 로마를 거쳐 서바나(스페인)에 가고자 한 것입니다. 바울은 고린도에서 머물렀던 석 달 동안 중요한 일 하나를 하는데, 바로 로마 교회에 편지를 쓰는 일이었습니다.

바울은 아직 로마 교인들을 직접 대면한 적이 없었기에 더욱 정성을 들여 편지를 써내려갔을 것입니다. 또한 그 편지에는 로마에 가고 싶은 자신의 계획도 포함되어 있었습니다. 바울은 로마서에서 모든 사람은 죄인이며, 의인이 하나도 없다고 말합니다. 죄를 해결할 수 있는 유일한 길은 하나님께서 예비하신 의의 길입니다. 이 의(義)란 하나님께서 화목제물로 보내신 예수 그리스도를 믿음으로써 모든 믿는 자에게 미치는 의를 의미합니다. 모든 인생은 오직 믿음으로 구원을 받습니다.

각 장의 중요 Point

20장 _ 아름다운 뒷모습
1장 _ 로마로 가는 길
2장 _ 소유에서 행함으로
3장 _ The Way

나를 위한 기도

주변인들에게 항상 빚진 자의 의식을 가지고 내 안에 있는 보석 예수 그리스도를 더 많은 사람과 함께 나누게 하소서.

공동체를 위한 기도

그 무엇과도 바꿀 수 없는 예수님의 이름으로 인해 복음에 빚진 자 된 우리 교회가 그 사명을 감당하며 열방을 품는 선교적 공동체가 되게 하소서.

전도대상을 위한 기도

하나님의 마음 알아가기

삶으로 실천하기

December
12/2
336

마태복음 ——— 요한계시록

로마서 4~7장

은혜 안에 거하는 그리스도인

Tong Point 죄인 된 우리를 위해 내어주신 예수님의 생명, 그 구속의 은총은 모든 인생에게 주어지는 은혜의 선물입니다.

찬양

큰 죄에 빠진 나를
새 찬송가 295장 〈통 417장〉

하나님의 마음 보기

바울은 유대인이든 이방인이든, 율법의 말씀을 들은 사람이든 듣지 못한 사람이든, 인간은 모두가 하나님의 심판을 피할 수 없는 죄인이라고 선언합니다. 아담 한 사람으로 말미암아 세상에 들어온 죄는 인간 스스로는 건널 수 없는 강이 되어, 인간들과 하나님 사이를 멀어지게 만들었습니다. 인간 스스로는 절대 극복할 수 없는 멍에인 죄를 해결하는 열쇠는 바로 예수 그리스도 안에 있습니다. 예수님을 믿는 모든 사람은 하나님 앞에서 의롭게 되어 죄로부터 자유를 얻게 됩니다.

우리가 아직 죄인 되었을 때에, 그리스도께서 우리를 위해 죽으심으로 구원이 우리에게 이르렀습니다. 누구도 율법의 행위로 하나님 앞에서 의롭게 여김을 받을 수 없지만 그리스도를 믿는 믿음으로 말미암아 의롭게 될 수 있기 때문입니다. 하나님의 크신 사랑 가운데 예수 그리스도의 의로운 죽으심으로 말미암아 구원받은 그리스도인에게, 바울은 이제 의롭게 된 자들로서 어떻게 살아야 하는지에 관하여 역설합니다. 왜냐하면 예수 그리스도께서 십자가에서 돌아가실 때에 우리의 모든 죄악 된 삶도 함께 십자가에 못 박힌 것이요, 예수 그리스도께서 죽음 가운데에서 다시 살아나실 때에 우리 역시 새로운 삶으로 다시 살아난 것이기 때문입니다.

각 장의 중요 Point

4장 _ 아브라함 따라가기 5장 _ 그래, 그거야!
6장 _ 생명보험 7장 _ 법, 그 이상의 법

나를 위한 기도

십자가의 사랑을 통해 영원한 생명을 선물해주신 주님께 감사하며 오늘도 이 귀한 사랑을 전하는 삶을 살게 하소서.

공동체를 위한 기도

믿음으로 의롭다 함을 받는 복음의 진수를 잘 가르쳐 하나님의 놀라운 은혜에 사로잡히는 공동체가 되기를 원합니다.

전도대상을 위한 기도

하나님의 마음 알아가기

삶으로 실천하기

Worship

소그룹예배

오직 사랑으로

고린도전서 12-16장, 고린도후서, 사도행전 20:1-6, 로마서 1-7장

기도로 예배를 시작합니다.

이 시간, 우리가 함께 모여 하나님께 드리는 이 예배를 기뻐 받아주시고, 예배드리는 가운데 하나님의 마음과 뜻을 깨달아 알 수 있도록 지혜를 주소서.

함께 찬양을 부르세요.

"그 크신 하나님의 사랑" 새 찬송가 304장 〈통 404장〉

성경을 소리 내어 함께 읽고 오늘 본문의 통通 이야기를 들려주세요.

* 고린도전서 13장 1-13절

바울은 3차 전도여행 중에 에베소 교인들을 대상으로 말씀사역을 합니다. 그러던 중 고린도 교회에 많은 문제가 있다는 소식을 듣고 편지를 써서 보냈습니다. 문제를 해결할 수 있는 키워드는 복음 회복, 믿음 회복, 그리고 사랑 회복이었습니다. 오직 사랑만이 공동체를 새롭게 하고 바로 세웁니다.

말씀을 통해 알 수 있는 **하나님의 마음**을 생각하며 함께 마음을 나눕니다.

* 하나님께서 예수 그리스도를 이 땅에 보내주신 것도, 예수님께서 십자가에서 못 박히신 것도 사랑 때문이었습니다. 우리는 그 크신 사랑을 어떻게 전할까요?

* 하나님께서는 사랑으로 가득 찬 우리가 되기를 바라십니다. 오늘 우리의 사랑을 어떻게 실천할 것인지 구체적인 행동 하나를 생각해봅시다.

서로 **축복의 말**을 함께 나눕니다.

"당신을 사랑합니다."

함께 기도하며, 연이어 주님이 가르쳐주신 기도로 예배를 마칩니다.

하나님의 놀라우신 사랑의 은총과 능력이 우리의 공동체를 새롭고 더욱 견고하게 하십니다. 세상을 향해 사랑을 전하고 실천하게 되기를 소망합니다.

December
12/3
337

마태복음 요한계시록

로마서 8~11장

끊을 수 없는 하나님의 사랑

Tong Point 세상의 무엇도 하나님의 사랑에서 우리를 끊을 수 없으며, 현재의 고난은 장차 나타날 영광과 비교할 수 없습니다.

찬양

주 날개 밑 내가 편안히 쉬네
새 찬송가 419장 <통 478장>

하나님의 마음 보기

예수 그리스도 안에 있는 그리스도인들에게는 모든 사망의 법으로부터 자유가 보장되어 있습니다. 바울은 세상에 있는 어떤 것도 "우리를 우리 주 그리스도 예수 안에 있는 하나님의 사랑에서 끊을 수 없으리라"(롬 8:39)라고 말합니다. 죄로부터, 사망으로부터, 율법으로부터 자유하게 하시는 성령의 능력을 받은 바울은 하나님의 놀라운 사랑이 그의 택하신 백성들에게 결코 끊어질 수 없음을 찬양합니다.

하지만 이 확신을 가슴에 담고 풍성한 삶을 살아가는 바울에게도 큰 고민이 있었습니다. 이방인의 사도로 활동한 바울의 마음에는 이방인에게 복음을 전하려는 마음과 아울러 자기 민족 유대인들이 그리스도의 풍성한 은혜를 누릴 수 있기를 바라는 마음이 간절했기 때문입니다. "나에게 큰 근심이 있는 것과 마음에 그치지 않는 고통이 있는 것을 내 양심이 성령 안에서 나와 더불어 증언하노니 나의 형제 곧 골육의 친척을 위하여 내 자신이 저주를 받아 그리스도에게서 끊어질지라도 원하는 바로라"(롬 9:1-3)라는 바울의 고백에서 그가 얼마나 유대인들이 그리스도를 영접하게 되기를 간절히 소망하고 있는지 알 수 있습니다. 이방인의 사도로서 바울은 유대인과 이방인을 향해 뜨거운 구원 열정을 지닌 하나님의 사람이었습니다.

각 장의 중요 Point

8장 _ 자유 그리고 사랑
9장 _ 사랑의 산고(産苦)
10장 _ 답답해!!
11장 _ 아직 끝이 아니야!

나를 위한 기도

그리스도인으로 살아가는 과정에서 겪게 되는 고난을 능히 감당할 수 있는 믿음의 성도가 되며 그 고난의 뜻을 깨닫게 하소서.

공동체를 위한 기도

세상의 그 무엇도 하나님의 사랑에서 우리를 끊을 수 없으며, 현재의 고난은 장차 나타날 영광과 족히 비교할 수 없음을 깨닫게 하소서.

전도대상을 위한 기도

하나님의 마음 알아가기

삶으로 실천하기

December
12/4
338

마태복음 요한계시록

로마서 12~14장

그리스도인의 새로운 삶

Tong Point 새 생명을 얻은 그리스도인들은 빛 가운데 거하며, 자신을 하나님께서 기뻐하시는 거룩한 산 제물로 드려야 합니다.

찬양

내 모든 소원 기도의 제목
새 찬송가 452장 〈통 505장〉

하나님의 마음 보기

성령의 능력 안에서 구원의 놀라운 은혜를 받은 그리스도인들에게 바울은 그들의 몸을 하나님께서 기뻐하시는 거룩한 산 제물로 드리라고 권면합니다. 또한 바울은 그리스도 안에서 한 지체가 된 이들이 각각의 다양한 은사대로 섬기고 봉사하기를 권면하며, 그리스도 안에서 하나 된 공동체가 사랑을 실천하며 선을 행하라고 말합니다. 바울은 부지런히 하나님과 이웃을 사랑하고 섬기되, 그 사랑과 섬김이 진실해야 한다고 이야기합니다. 또한 바울은 "즐거워하는 자들과 함께 즐거워하고 우는 자들과 함께 울라"(롬 12:15)라고 합니다. 주변 사람들의 기쁨과 슬픔에 동참하라는 것입니다. 서로 사랑하며 존중하는 것이 얼마나 소중한지 잘 알고 있는 바울은 "피차 사랑의 빚 외에는 아무에게든지 아무 빚도 지지 말라"(롬 13:8)라고 권면하며, 더 나아가 "사랑은 율법의 완성"(롬 13:10)이라고까지 말합니다.

이처럼, 바울이 로마 교회에 권하는 핵심은 '사랑'입니다. 바울은 유대인들의 율법에 대해 잘 알고 있던 사람입니다. 그런 그가 로마 교회에 전하는 율법에 대한 교훈은 '사랑'이 '율법의 완성'이라는 것입니다.

각 장의 중요 Point

12장 _ 승리 방정식

13장 _ 품앗이 사랑

14장 _ 드림은 나눔으로

나를 위한 기도

나의 삶을 거룩한 산 제물로 하나님께 드리기를 소원합니다. 오늘도 하나님께서 기뻐하시는 모습으로 살아갈 수 있도록 성령님께서 도우소서.

공동체를 위한 기도

예수님의 보혈로 인해 새 생명을 얻은 우리 교회가 빛 가운데 거하며, 하나님께서 기뻐하시는 거룩한 산 제물로 드려질 수 있기를 원합니다.

전도대상을 위한 기도

하나님의 마음 알아가기

삶으로 실천하기

December 12/5

339

마태복음 요한계시록

로마서 15~16장

땅 끝 비전과 받음직한 섬김

Tong Point 바울은 땅 끝까지 가서 복음을 전하고픈 비전의 사람이며, 성도 섬기는 일을 위한 깊은 배려도 잊지 않는 사람입니다.

찬양

나의 영원하신 기업
새 찬송가 435장 〈통 492장〉

하나님의 마음 보기

바울은 로마 교인들에게 자기를 소개하고 그들의 후원을 받아 서바나(스페인)에 가고자 했습니다. 당시의 지정학적 지식으로는 스페인이 바로 '땅 끝'이었습니다. "땅 끝까지 이르러 내 증인이 되리라"(행 1:8)라는 예수님의 유언을 자신의 삶의 소망과 목적, 방향과 내용으로 삼고 이를 실현하고 싶어서 스페인에 가기를 원하는 것입니다.

지금까지의 복음전도 사역은 안디옥 교회의 도움만으로도 충분했습니다. 그런데 더 멀리 가서 복음을 전하려면 로마에 사는 그리스도인들로부터 지원을 받는 것이 효과적이었기 때문에, 바울은 로마 교인들과 사귀고 싶어 했던 것입니다. 그 소원을 이루고자 로마서를 쓴 것입니다. 바울은 로마 교인들에게 생명의 위협으로부터 건짐을 받도록 기도를 부탁합니다. 바울이 마지막으로 예루살렘에 가려는데, 순종하지 아니하는 유대인들이 자신을 암살할 계획을 세우고 있다는 소식을 접했기 때문입니다. 또한 "예루살렘에 대하여 내가 섬기는 일을 성도들이 받을 만하게"(롬 15:31) 되도록 기도를 부탁합니다. 긴 편지의 말미에 바울은 여러 사람들에게 문안합니다. 이를 통해 바울의 넓은 인간관계, 따뜻한 동역자 관계를 잘 알 수 있습니다.

각 장의 중요 Point

15장 _ 징검다리
16장 _ 함께 하고픈 이들

나를 위한 기도

내가 속한 공동체를 위한 수고와 땀 흘림이 나의 '의' 가 되지 않게 하시고 오히려 예수님의 마음을 본받아 늘 겸손하게 하소서.

공동체를 위한 기도

우리 교회가 사도 바울의 열정을 배워 땅 끝까지 복음을 전하게 하시고, 이웃을 섬기는 일에도 받음직하게 섬길 수 있는 공동체가 되게 하소서.

전도대상을 위한 기도

하나님의 마음 알아가기

삶으로 실천하기

December
12/6
340

마태복음 요한계시록

사도행전 20:7~23장

마지막 예루살렘 방문

Tong Point 바울의 동료들은 예루살렘에 가려는 바울을 막았지만, 그는 보다 더 큰 하나님의 뜻에 따라 담대히 예루살렘으로 향합니다.

찬양

나의 생명 드리니
새 찬송가 213장 〈통 348장〉

하나님의 마음 보기

바울은 고린도에서 석 달을 머물며 로마서를 쓴 후, 동역자들이 먼저 가서 기다리고 있는 드로아에 잠시 머물면서, 늦은 밤까지 강론하며 말씀을 가르칩니다. 그리고 다시 여러 곳을 거친 후 밀레도에 이릅니다. 사람을 보내어 밀레도로 에베소 장로들을 부른 바울은 그들에게 하나님의 은혜 안에 교회를 굳게 세우기를 부탁하며 그들과 작별합니다. 바울은 예루살렘으로 가는 도중 가이사랴에 있는 전도자 빌립의 집에 들릅니다. 그곳에서 아가보라 하는 선지자가 바울이 예루살렘에 가면 붙잡힐 것이라고 예언하자 바울의 동역자들이 눈물을 흘리며 그의 걸음을 막고 나섭니다. 그러나 바울은 그들의 간곡한 만류에도 불구하고 예루살렘으로 향합니다.

드디어 예루살렘에 도착한 바울은 예루살렘 교회의 지도자들에게 하나님께서 자신을 통해 어떻게 이방인들로 하여금 예수님을 믿게 했는지 낱낱이 선교보고를 합니다. 그리고 바울은 유대인들에 의해 쓸데없는 시비에 휘말리지 않기 위해 이방인 형제들의 결례를 행하는 데에 동행합니다. 며칠 후 바울이 성전에 들어가자, 군중들이 삽시간에 달려들어 그를 성전에서 끌어내 죽이려 합니다. 그러자 예루살렘의 치안을 담당하고 있던 로마 천부장이 바울을 죽음 직전에서 건져냅니다.

각 장의 중요 Point

20장 _ 아름다운 뒷모습
21장 _ Pioneer(개척자)
22장 _ 고백
23장 _ 두려움을 벗고

나를 위한 기도

하나님 앞에서 나의 생명이 참으로 소중함을 알게 하시고 이 귀한 생명을 하나님의 영광을 위해 온전히 드리게 하소서.

공동체를 위한 기도

절망스러운 위기나 환경에 처한다 할지라도 부활의 소망 되신 예수님을 강하게 붙드는 공동체가 되기를 원합니다.

전도대상을 위한 기도

하나님의 마음 알아가기

삶으로 실천하기

December 12/7

341

마태복음 요한계시록

사도행전 24~26장

가이사랴에서의 2년

Tong Point 유대인들의 위협을 피해 가이사랴에 이송되어 2년을 보낸 바울은 황제의 재판을 청구하여 결국 로마에까지 가게 됩니다.

찬양

오 놀라운 구세주
새 찬송가 391장 〈통 446장〉

하나님의 마음 보기

바울은 로마 군대에 의해 로마 총독이 있는 가이사랴로 호송됩니다. 그런데 바울은 그곳에서까지 유대인들의 공격을 받습니다. 대제사장 아나니아가 바울을 고소하기 위해 변호사 더둘로를 데리고 가이사랴까지 찾아왔던 것입니다. 예수님을 죽이기 위해 온갖 모략을 짜냈던 유대인들은 다시 예수님의 제자들을 향해 지속적으로 음모와 궤계를 꾸미고 있습니다.

바울이 가이사랴 감옥에 갇힌 지 2년이 지난 후 벨릭스 총독 후임으로 베스도가 부임합니다. 베스도가 총독으로 부임한 이후에도 바울을 향한 유대인들의 음모와 증오는 여전히 계속되었고, 베스도는 유대인의 마음을 얻는 데에만 관심이 있었기에 바울을 유대인들에게 넘겨주려고 합니다. 이를 눈치 챈 바울은 로마 시민으로서 그가 사용할 수 있는 최후의 법적 수단, 즉 로마 황제인 가이사에게 재판을 청구합니다. 로마 시민권을 가진 바울은 이를 통해 로마에 갈 수 있는 기회를 얻게 됩니다. 비록 죄수의 몸으로 호송되고 재판 전까지는 자유롭지 못한 신분이 되겠지만, 그 모든 것을 감수하고 그는 로마로 갑니다. 이렇게 시작된 바울의 로마행은 서바나까지 가고자 하는 그의 목표를 이루기 위한 과정 가운데 하나였습니다.

각 장의 중요 Point

24장 _ 당당한 피고, 바울
25장 _ 한걸음, 한걸음
26장 _ 법정 간증

나를 위한 기도

그리스도인으로서 구별되고 헌신된 삶을 사는 중에 어려움과 방해를 만난다 할지라도 복음에 대한 확신을 가지고 능히 이겨내게 하소서.

공동체를 위한 기도

살든지 죽든지 어떤 상황에서든지 그리스도의 복음을 전하기 위해 우리 공동체의 모든 지체들이 담대히 승리하기를 원합니다.

전도대상을 위한 기도

하나님의 마음 알아가기

삶으로 실천하기

December
12/8
342

마태복음 ― 요한계시록

사도행전 27~28장

로마 교인들과의 만남

Tong Point 로마에 도착한 바울은 2년 동안 셋집에 머물며 복음을 전하고, 이 일은 전 세계를 향한 복음 전파의 중요한 통로가 됩니다.

찬양

내 평생에 가는 길
새 찬송가 413장 〈통 470장〉

하나님의 마음 보기

로마로 가는 도중, 그를 태운 배가 유라굴로라는 큰 풍랑을 만나 파선합니다. 우여곡절 끝에 바울은 로마에 도착합니다. 드디어 로마 교인들을 직접 만나게 된 것입니다. 그리고 재판을 기다리는데, 재판 날짜가 계속 연기됩니다. 바울은 그렇게 로마에서 2년 세월을 보냅니다. 비록 황제의 재판을 기다리고 있는 형편이긴 했으나 바울은 그곳에서도 자신을 찾아오는 사람들에게 부지런히 하나님 나라를 증거하며, 여러 편지들을 써서 보냅니다. 옥중서신이라고 불리는 에베소서, 빌립보서, 골로새서, 빌레몬서가 바로 이때 쓰인 편지들입니다.

바울이 로마에 도착하여 2년 동안 복음을 전하였다는 이야기로 사도행전은 마감됩니다. 하지만 하나님께서는 바울을 포함하여 복음을 위해 헌신한 하나님의 사람들을 통해 복음을 땅 끝까지 전하고 계십니다. 2천 년 기독교 역사를 놓고 볼 때, 사도행전 28장은 복음이 예루살렘과 온 유대와 사마리아를 거쳐 땅 끝까지 전파되는 과정의 정점이며, 땅 끝을 향한 복음의 항해는 결코 멈출 수 없다는 사실을 웅변적으로 말해주는 부분입니다.

각 장의 중요 Point

27장 _ 복음의 항해
28장 _ 열방을 향하여

나를 위한 기도

주님께서 나의 인생길에 참 좋은 동행자가 되어주심을 감사드리며 오늘도 복음을 위해 활력이 넘치는 삶으로 승리하게 하소서.

공동체를 위한 기도

우리 교회가 사도 바울이 로마에까지 가서 복음을 전했던 것처럼, 하나님의 마음을 품고 생명의 복음을 전하는 선교 공동체가 되게 하소서.

전도대상을 위한 기도

하나님의 마음 알아가기

삶으로 실천하기

December
12/9
343

마태복음 요한계시록

에베소서 1~3장

기쁘신 뜻대로 예정하신 구원

Tong Point 창세 전부터 세밀하게 보호하셨던 하나님의 손길, 그 하나님께서 오늘도 모든 성도와 교회들을 은혜로 지키십니다.

찬양

구주를 생각만 해도
새 찬송가 85장 〈통 85장〉

하나님의 마음 보기

바울은 에베소에서 2년 정도를 머물며 집중적으로 제자들을 양육했었기에 에베소 교회에 대해 남다른 애착을 가지고 있었습니다. 바울은 비록 자신은 지금 로마에서 자유롭지 못한 상태에 놓여 있지만, 에베소 교회에 편지를 보내 교회가 무엇인지 자세히 가르쳐주고 싶었습니다.

기독교와 유대교를 비교해보면, 유대교에는 내세울 만한 자랑이 많은데, 교회에는 오로지 예수님밖에 없습니다. 그러나 바울은 궁극적으로 교회는 예수님 한 분만으로 충분하다고 말합니다. 또한 믿는 자들의 구원과 관련하여, 천지를 창조하시기 전에 우리 하나님의 예비하심이 있었다는 놀라운 선언을 합니다. 그가 지금까지 걸어온 발자취를 더듬어보니 그 모든 여정 가운데 하나님의 섭리가 있었으며, 하나님의 손길을 더듬어 올라가다 보니 그 시작은 결국 창세전이었다는 것입니다. 바울은 이 하나님의 깊은 섭리, 곧 성령의 역사하심을 찬양하며, "교회는 그의 몸이니 만물 안에서 만물을 충만하게 하시는 이의 충만함"(엡 1:23)이라고 말합니다. 모든 만물 가운데 충만하신 하나님, 그 하나님께서 오늘도 창세전부터 준비하신 사랑으로 그 자녀들과 교회를 돌보고 계십니다.

각 장의 중요 Point

1장 _ 하나님의 손길
2장 _ 막힌 담을 헐고
3장 _ 알려진 비밀

나를 위한 기도

오늘도 만물을 충만케 하시는 하나님의 선하신 능력을 바라보며 거룩하고 흠 없는 삶으로 충만하게 하소서.

공동체를 위한 기도

우리 교회가 그리스도의 사랑 안에 거하며, 부르심의 소명과 보내심의 사명을 가진 사람들로 가득 찬 믿음의 공동체가 되기를 원합니다.

전도대상을 위한 기도

하나님의 마음 알아가기

삶으로 실천하기

Worship

소그룹예배

부름 받은 그리스도인의 고백

로마서 8-16장, 사도행전 20:7-28장, 에베소서 1-3장

기도로 예배를 시작합니다.

이 시간, 우리가 함께 모여 하나님께 드리는 이 예배를 기뻐 받아주시고, 예배드리는 가운데 하나님의 마음과 뜻을 깨달아 알 수 있도록 지혜를 주소서.

함께 찬양을 부르세요.

"예수를 나의 구주 삼고" 새 찬송가 288장 〈통 204장〉

성경을 **소리 내어** 함께 읽고 오늘 본문의 **통通 이야기**를 들려주세요.

* 사도행전 26장 1-18절

3차 전도여행을 마치고 예루살렘에 돌아온 바울은 유대인의 위협을 피해 죄수의 몸으로 잡혀 가이사랴로 보내집니다. 그리고 2년 동안 생활하는데 그곳에서도 로마인과 유대인들에게 복음을 전합니다. 그러면서 자신이 처음 예수님을 만나게 되었던 사건을 회상하며 고백합니다.

말씀을 통해 알 수 있는 하나님의 마음을 생각하며 함께 마음을 나눕니다.

* 하나님께서는 그리스도인들 모두가 하나님의 증인이 되어 어떤 어려움이라도 이겨내며 끝까지 그 사명을 감당하길 바라십니다. 지금 당신은 어떤 어려움을 이겨내고 있습니까?

* 하나님께서 우리를 사랑하시고 부르신 사건은 이 땅에서의 우리의 생이 다하도록 유효합니다. 하나님께서 나를 부르시고 만나주셨던 그날을 고백해봅시다.

서로 축복의 말을 함께 나눕니다.

"늘 하나님 사랑을 기억하고 고백하는 복된 인생이 되세요."

함께 기도하며, 연이어 주님이 가르쳐주신 기도로 예배를 마칩니다.

하나님께서 나를 사랑하시고 만나주시고 함께하셨던 것을 늘 기억합니다. 날마다 감사함으로 믿음의 고백을 하게 해주소서.

December
12/10
344

마태복음 요한계시록

에베소서 4~6장

그리스도 안에서 하나 됨

Tong Point 바울은 창세전부터 부르신 하나님의 부르심에 합당하게 겸손과 온유와 오래 참음과 사랑을 행하라고 권고합니다.

찬양

나 이제 주님의 새 새명 얻은 몸
새 찬송가 436장 <통 493장>

하나님의 마음 보기

바울은 이제 그리스도인들이 어떻게 행해야 할지를 알려줍니다. 창세전부터 부르신 하나님의 부르심에 합당하게 행하라는 것입니다. 구체적으로 말해 겸손과 온유와 오래 참음과 사랑입니다. 바울의 하나 됨의 요구는 실제로 교회의 일치를 증진하는 것입니다. 이러한 목적을 달성하려면 겸손, 사랑, 평화의 실천이 요구됩니다. 그리스도 안에서 하나가 되기 위해서는 먼저 각자가 옛 사람을 벗어버리고 심령을 새롭게 하여 의와 진리의 거룩함으로 지으심 받은 새 사람이 되어야 합니다. 바울은 에베소 교인들에게 "거짓을 버리고 각각 그 이웃과 더불어 참된 것을 말하라"(엡 4:25)라고 당부합니다. 또한 서로가 서로를 대할 때의 자세에 있어서도 "서로 친절하게 하며 불쌍히 여기며 서로 용서하기를 하나님이 그리스도 안에서 너희를 용서하심과 같이 하라"(엡 4:32)라고 권면합니다.

뿐만 아니라 바울은 에베소서 5-6장에서 성도의 삶이 어떠해야 하는지 구체적으로 기록하고 있습니다. 그는 에베소 교인들에게 하나님을 본받는 자가 되고, 주의 뜻이 무엇인지를 알라고 권합니다. 또한 주 안에서 바른 인간관계를 가르치고, 하나님의 전신 갑주를 입고 악한 영에 능히 대적하라고 말합니다.

각 장의 중요 Point

4장 _ 열매맺는 삶
5장 _ 터널의 끝
6장 _ 빛의 전사

나를 위한 기도

나의 죄악 된 옛 사람의 모습을 버리고 심령이 새로워지며 하나님의 의와 진리로 가득하게 하소서.

공동체를 위한 기도

혼탁하고 악한 시대 속에서도 세월을 아껴 하나님을 예배하고 오직 주의 뜻이 무엇인지를 분별하여 순종하는 공동체가 되게 하소서.

전도대상을 위한 기도

하나님의 마음 알아가기

삶으로 실천하기

마태복음 요한계시록

December
12/11
345

빌립보서 1~4장

고난 중의 기쁨과 감사

Tong Point 어떤 형편에서든지 자족하기를 배운 사람 바울, 그의 기쁨은 복음을 위한 고난과 함께 묶여 있는 기쁨이었습니다.

찬양

주님의 마음을 본받는 자
새 찬송가 455장 <통 507장>

하나님의 마음 보기

빌립보는 바울이 2차 전도여행 도중 아시아를 넘어 도착한 유럽의 첫 관문이었습니다. 바울은 거기에서 루디아와 점치는 여종, 간수의 가족에게 복음을 전하였고 이들이 모여 빌립보 교회를 세웠습니다. 그런데 바울이 감옥에 갇히게 되었고, 그의 경제적 형편은 더욱 어려워졌습니다. 이때 빌립보 교회 교인들이 정성을 다해 헌금을 모았습니다. 모은 연보를 가지고 로마에 온 빌립보 교회의 목회자 에바브로디도는 바울과 더불어 교회의 일을 이야기하던 중에 교회 안에서 유오디아파와 순두게파가 대립하고 있다는 등의 사정을 털어놓습니다. 그리고 에바브로디도는 그만 그곳에서 병을 얻게 됩니다. 바울은 그로 인해 많은 걱정을 했습니다. 그런데 다행스럽게도 에바브로디도가 건강을 회복하여 빌립보로 돌아가게 되자, 바울은 기쁨으로 이 빌립보서를 써서 그의 편에 보냅니다.

바울은 에바브로디도가 건강을 회복하여 기쁘고, 빌립보 교인들이 정성을 다해서 쓸 것을 보내준 것이 기쁘고, 빌립보 교회가 하나님과 이웃을 생각하고 있는 것이 참 기쁘다고 말합니다. 그리고 바울은 빌립보 교인들에게 예수 그리스도의 마음을 본받으라고 말합니다.

각 장의 중요 Point

1장 _ 고난의 기쁨
2장 _ 교회를 위한 마음
3장 _ 소리 없는 전쟁
4장 _ 장인(匠人) 바울

나를 위한 기도

오늘도 하나님의 복음에 합당한 자로 살게 하시고 복음이 주는 능력으로 기뻐하며 그 기쁨을 주변인들에게도 나누게 하소서.

공동체를 위한 기도

어떤 형편에서든지 자족하기를 배운 바울처럼, 복음을 위해 고난 받는 것을 기뻐하는 성숙한 공동체가 되기를 원합니다.

전도대상을 위한 기도

하나님의 마음 알아가기

삶으로 실천하기

December
12/12
346

마태복음 요한계시록

골로새서 1~4장

우주의 주권자 예수 그리스도

Tong Point 진리의 본체이신 예수 그리스도는 놀라운 하나님의 지혜와 지식의 모든 보화가 감춰진 하나님의 비밀이십니다.

찬양

나의 기쁨 나의 소망 되시며
새 찬송가 95장 <통 82장>

하나님의 마음 보기

당시 골로새에는 영지주의라는 철학을 비롯하여 공리주의, 신비주의, 금욕주의 등 온갖 철학과 이단들이 횡행하고 있었습니다. 그래서 이 골로새서는 편지 자체가 갖는 따뜻함과 더불어, 독특하고 명확한 주제를 가지고 예수님을 소개하는 편지라고 할 수 있습니다. 그리스도의 고난에 동참하는 가운데 한평생을 보낸 바울이 골로새서를 통해 예수님께서 어떤 분이신지 설명하고 있습니다.

바울은 모든 것들 중에서 가장 뛰어나신 예수 그리스도, 그분의 완전성과 충만성을 이야기합니다. 예수 그리스도 한 분만으로도 부족함이 없으므로 다른 헛된 규례나 철학들은 필요하지 않다는 것입니다. 그는 예수 그리스도를 가리켜 "비밀"이라고 말하며, 그분 안에 지혜와 지식의 모든 보화가 감춰져 있다고 말합니다. 사람의 생각은 제한되어 있고 지극히 작지만, 하나님의 생각은 크고 놀랍습니다. 사도 바울은 이 크고 놀라운 하나님의 생각을 예수 그리스도를 통해 발견했습니다. 그리고 바울은 골로새서 마지막 부분에서 주변 사람들의 문안을 골로새 교회에 전해주고 있습니다. 그들은 바울의 서신을 통해 골로새 교회에 안부를 물을 수 있을 만큼 바울과 가까이 있던 동역자들이었습니다.

각 장의 중요 Point

1장 _ 실천하는 이론가 | 2장 _ 뿌리내리기
3장 _ 마땅히 찾아야 할 것 | 4장 _ 폭넓은 인간관계

나를 위한 기도

세상의 헛된 속임수에 속지 않도록 늘 깨어 있는 영성을 갖게 하시고 왜곡된 가르침에 흔들리지 않도록 복음을 굳게 붙들게 하소서.

공동체를 위한 기도

예수 그리스도께서 놀라운 하나님의 지혜와 지식의 모든 보화가 감춰진 하나님의 비밀이라는 사실을 온 교회 공동체가 깨달아 알아가게 하소서.

전도대상을 위한 기도

하나님의 마음 알아가기

삶으로 실천하기

December
12/13
347

마태복음 요한계시록

빌레몬서 1장

기적의 편지

Tong Point 예수 안에서 종과 주인이라는 경계를 넘어 형제가 되자는 바울의 이 편지는 복음의 능력과 진리를 전하는 기적의 편지였습니다.

찬양

예수 앞에 나오면
새 찬송가 287장 〈통 205장〉

하나님의 마음 보기

빌레몬서는 바울이 로마 감옥 안에서 제자 빌레몬에게 개인적으로 쓴 편지입니다. 바울이 로마 감옥에 있을 때 만난 사람 중 오네시모라는 청년이 있습니다. 어느 날, 오네시모가 바울을 찾아와 자신이 바울의 제자인 빌레몬의 집에서 도망 나온 종이라고 고백합니다. 바울은 고민하다가 그 오네시모를 빌레몬에게 돌려보내기로 합니다. 당시 로마 제국의 법률에 의하면, 도망간 종이 다시 잡히면 주인이 종을 죽일 수도 있었습니다. 그럼에도 불구하고 오네시모는 바울의 설득을 듣고 주인에게 돌아가기로 합니다.

한 사람의 종을 위해 자기 인격을 걸고 변호하는 바울은 빌레몬에게 그를 살리는 것은 물론이요, 예수님 안에서 한 형제로 삼자고 제안합니다. 종을 형제로 받아들이라는 바울의 제안은 당시 사회에서는 매우 획기적인 발상이었습니다. 그러나 바울은 복음 안에서는 어떤 사회적 차별까지도 뛰어넘을 수 있음을 보여준 것입니다. 이방인의 사도로 부름 받은 바울이 품은 복음에 대한 넓고 큰 생각이 아닐 수 없습니다. 바울은 예수 그리스도 안에서 종과 주인이라는 경계를 넘어서 그들이 형제가 되라는 것입니다. 빌레몬서는 참으로 기적의 편지였습니다.

각 장의 중요 Point

1장 _ 종이 아닌 형제로

나를 위한 기도

나의 영혼을 얽매는 고정관념들로부터 자유하게 하시고, 주님의 사랑으로 사람들을 화해하게 하는 일들을 감당하게 하소서.

공동체를 위한 기도

예수님 안에서 종과 주인의 경계를 넘어 형제가 되자는 빌레몬서가 복음의 능력과 진리를 전하는 기적의 편지임을 고백하는 멋진 공동체가 되게 하소서.

전도대상을 위한 기도

하나님의 마음 알아가기

삶으로 실천하기

December
12/14
348

마태복음 요한계시록

디모데전서 1~6장

예수의 선한 일꾼

Tong Point 바울은 자신의 뒤를 이어 앞으로 교회를 이끌어갈 영적 아들 디모데에게 정성 어린 조언을 남기고 있습니다.

찬양

행군 나팔 소리에
새 찬송가 360장 〈통 402장〉

하나님의 마음 보기

바울은 그가 사랑하는 믿음의 아들 디모데에게 자신의 사역을 물려주고, 그의 목회를 돕기 위해 편지를 씁니다. 디모데는 에베소 교회를 섬기는 젊은 목회자였습니다. 디모데전서는 본래 디모데 개인에게 보낸 편지이지만 교회란 무엇인가에 대해 알게 하며, 목회 사역을 돕기 위한 여러 가지 조언들로 이루어져 있어 '목회서신'이라 불립니다.

디모데전서 안에는 교회가 무엇인가에 대한 두 가지 내용이 담겨 있습니다. 그 중 하나는 예수님을 믿는 한 사람, 한 사람으로서의 교회입니다. 하나님의 사랑을 받은 자, 그리스도인의 몸이 바로 교회라는 것입니다. 또 한 가지는 직제(職制)로서의 교회입니다. 즉 장로나 집사를 세우는 일 등은 바로 이 디모데전서에서 다루고 있는 특별한 내용 중 하나입니다. 그 외에도 바울은 사역자의 자세와 관련하여 거짓 교훈을 경계하고, 복음과 교회의 일꾼으로서 선한 교훈으로 양육 받으며, 경건을 연습하라고 충고합니다. 또한 거짓 선생들을 잘 구분하는 법, 나이 많은 성도들과 과부들과 장로들을 대하는 법 등을 알려줍니다. 마지막으로 바울은 자족과 경건의 생활을 하라고 당부하며 믿음의 선한 싸움을 싸우라고 독려합니다.

각 장의 중요 Point

1장 _ 아름다운 유산
2장 _ 임명권
3장 _ 리더십(Leadership)
4장 _ 경건, 확실한 대안
5장 _ 건강한 가정
6장 _ 부자에게 고함

나를 위한 기도

하나님의 자녀로서 진리 안에 거하는 모습을 지니게 하시고 오늘도 영적인 싸움에서 승리하게 하소서.

공동체를 위한 기도

우리 교회가 세상 어두움의 세력과 이단들의 공격에 미혹되지 않고 바르게 대처할 수 있도록 믿음의 눈을 갖는 공동체가 되기를 원합니다.

전도대상을 위한 기도

하나님의 마음 알아가기

삶으로 실천하기

December
12/15
349

마태복음 요한계시록

디도서 1~3장

희망의 상속자

Tong Point 바울은 복음 안에서 성도가 된 모든 이가 하나님의 은혜를 힘입어 믿음과 희망의 상속자가 되기를 바라는 간절한 소망을 전합니다.

찬양

어려운 일 당할 때
새 찬송가 543장 〈통 342장〉

하나님의 마음 보기

디도서는 당시 흔들리고 있던 그레데 지역의 교회 공동체를 안정시키고 주의 몸된 교회를 든든히 하고자 하는 바울의 노력이 담겨 있는 편지입니다. 디도서는 디모데전·후서와 마찬가지로 믿음의 후배에게 보내는 바울의 '목회서신' 입니다.

먼저 바울은 이 편지에서 그리스도인들의 생활 속에서 드러나야 할 의의 필요성을 강조합니다. 거짓 선생들, 특히 '할례파' 들이 헛된 말을 하며 사람들을 속이고 있기 때문입니다. 이들은 일종의 율법주의자들로서 예수 그리스도를 믿는 믿음으로 말미암는 구원에 '율법 준수' 라는 조건을 추가했습니다. 그들의 거짓 가르침을 폐하고 교회 공동체를 바로 세우기 위해 바울은 그레데 교회의 목회자인 디도에게 "범사에 네 자신이 선한 일의 본을 보이며 교훈에 부패하지 아니함과 단정함과 책망할 것이 없는 바른 말을 하게 하라"(딛 2:7-8)라고 강하게 권면합니다. 디도에게 사도 바울이 권고한 내용의 핵심은 "오직 너는 바른 교훈에 합당한 것을" 말하라는 것입니다(딛 2:1).

각 장의 중요 Point

1장 _ 특명
2장 _ 교회의 교회 됨
3장 _ Tolerance(관용)

나를 위한 기도

복음 안에서 믿음직스럽게 장성한 디도처럼 나의 모습 역시 복음 안에서 인생의 비전을 발견하고 복음의 계승자가 되게 하소서.

공동체를 위한 기도

우리 교회가 하나님의 은혜에 힘입어 믿음과 희망의 상속자가 되어 풍성한 열매를 맺어가는 공동체가 되게 하소서.

전도대상을 위한 기도

하나님의 마음 알아가기

삶으로 실천하기

December
12/16
350

마태복음 요한계시록

디모데후서 1~4장

복음과 함께 고난 받으라

Tong Point 바울은 디모데에게 때를 얻든지 못 얻든지 담대하게 복음을 전하며 그리스도의 아름다운 일을 감당하라고 부탁합니다.

찬양

십자가를 질 수 있나
새 찬송가 461장 〈통 519장〉

하나님의 마음 보기

로마 감옥의 연금 상태에서 잠시 풀려난 바울은 디모데와 디도에게 편지도 쓰고 동역자들과 함께 니고볼리 전도집회를 준비하고 있었습니다. 그런데 그 무렵 로마 당국으로부터 모든 죄수들, 특히 예수를 믿는다는 이유로 죄인이 된 모든 죄수들을 다시 감금하라는 명령이 내려옵니다. 당시 로마의 황제였던 네로가 A.D.64년 로마 대화재로 인한 자신의 정치적 실정(失政)을 만회하기 위해 기독교를 희생양으로 삼으려는 계획을 진행하고 있는 것입니다. 이제 육신의 장막을 벗을 때가 되었다는 것을 깨달은 바울이 유언과 같은 편지를 쓰는데, 그것이 바로 디모데후서입니다.

바울의 마지막 당부는 한마디로 "복음과 함께 고난을 받으라"(딤후 1:8)라는 것입니다. 현재의 고난이 장차 나타날 영광에 비할 수 없음을 아는 바울은 고난이 오히려 복이기에 복음과 함께 고난을 받으라고 부탁하는 것입니다. 바울은 "너는 말씀을 전파하라 때를 얻든지 못 얻든지 항상 힘쓰라"(딤후 4:2)라고 하며 오직 자신이 전도인으로 한길을 걸어왔듯이 디모데에게도 전도인으로서 갖추어야 할 삶의 자세를 가르치며 부탁하고 있습니다.

각 장의 중요 Point

1장 _ 고난의 축복　　2장 _ 그와 함께라면
3장 _ 말세에는…　　4장 _ 선구자의 고백

나를 위한 기도

복음을 위한 고난이 올 때 피하지 않고 담대히 맞섬으로 나의 믿음이 더욱 성숙하며 심령이 강건하게 하소서.

공동체를 위한 기도

복음과 함께 고난 받으라는 바울의 가르침을 따라 때를 얻든지 못 얻든지 담대하게 복음을 전하는 공동체가 되기를 원합니다.

전도대상을 위한 기도

하나님의 마음 알아가기

삶으로 실천하기

Worship
소그룹예배

믿음의 가정, 세상에서의 승리

에베소서 4-6장, 빌립보서, 골로새서, 빌레몬서, 디모데전서, 디도서, 디모데후서

기도로 예배를 시작합니다.

이 시간, 우리가 함께 모여 하나님께 드리는 이 예배를 기뻐 받아주시고, 예배드리는 가운데 하나님의 마음과 뜻을 깨달아 알 수 있도록 지혜를 주소서.

함께 **찬양**을 부르세요.

"사철에 봄바람 불어 잇고" 새 찬송가 559장 〈통 305장〉

성경을 **소리 내어** 함께 읽고 오늘 본문의 **통通 이야기**를 들려주세요.

* 디모데후서 1장 1-9절

예수님의 복음을 전하기 위해 열정을 다해 사역했던 바울이 죽음을 예감하고 믿음으로 낳은 아들 디모데에게 마지막 편지를 쓰고 있습니다. 바울은 디모데가 외할머니와 어머니의 신앙을 이어받은 것을 언급하며 오직 하나님의 능력을 따라 복음과 함께 고난을 받으라고 격려합니다.

말씀을 통해 알 수 있는 **하나님의 마음**을 생각하며 함께 마음을 나눕니다.

* 하나님께서는 모든 그리스도인의 가정에서 아름다운 신앙의 유산이 계속해서 후대에게 계승되기를 바라십니다. 우리 가정에서 만들어가고 있는 신앙의 유산은 무엇입니까?

* 세상을 향해 복음을 들고 힘차게 나아가며 승리하는 과정에서 가정의 영적인 분위기와 영적 중보는 매우 중요합니다. 가족을 위해 서로 중보기도하는 시간을 가져봅시다.

서로 **축복의 말**을 함께 나눕니다.

"우리 가정이 복된 신앙계승의 가정이 되기를 소망합니다."

함께 기도하며, 연이어 주님이 가르쳐주신 기도로 예배를 마칩니다.

우리 가정이 하나님의 선하신 섭리와 사랑 안에서 복된 믿음의 가정이 되게 하시고, 세상을 향해 능히 복음으로 나아가 승리하게 해주소서.

December

12/17

351

마태복음 요한계시록

히브리서 1~4장

오직 완전하신 예수 그리스도

Tong Point 하나님의 아들로서 인류 구속의 대사역을 친히 감당하신 예수님께서는 시험 받는 이들을 능히 도우실 수 있습니다.

찬양

온 세상이 캄캄하여서
새 찬송가 84장 〈통 96장〉

하나님의 마음 보기

당시 예수님을 믿는 사람들 가운데 시대적 핍박과 고난으로 마음이 흔들리는 사람들이 있었습니다. 그런 사람들 가운데 예수님을 믿다가 유대교로 되돌아가는 사람들도 있었습니다. 히브리서 기자는 이러한 사람들에게 진정한 것을 찾았다가 외적인 위험 때문에 다시 옛날로 돌아가는 어리석음을 경계하라고 이야기합니다. 그리고 유대교의 유산들을 열거해 가면서 기독교와 비교합니다. '과연 기독교가 유대교와 비교해서 뿌리가 없고, 오랜 역사와 전통도 없고, 진정한 생명력이 없는가?' 라는 질문을 던져 놓고 그 둘을 비교하는 것입니다.

결국 유대교의 전통과 대비되는 기독교의 자랑은 '오직 예수' 뿐이라고 강조합니다. 구약의 선지자들이 이스라엘에 전했던 말씀은 완결된 말씀이 아니었습니다. 하나님의 아들 예수님께서 말씀의 완성자로 이 땅에 오신 것입니다. 유대인들이 익숙히 알고 있는 천사, 바로 그 천사보다도 훨씬 뛰어나신 분이 예수님이라고 선언합니다. 유대인들에게 위대한 지도자이자 스승으로 존경받는 모세는 하나님의 집의 종이었고, 예수 그리스도는 바로 그 집의 건축가이자 그 집의 주인입니다. 예수님 안에서는 모든 수고로운 짐들을 내려놓고 참된 쉼을 누릴 수 있습니다.

각 장의 중요 Point

1장 _ 본보기　　2장 _ 당신은 혼자가 아닙니다
3장 _ 기준　　4장 _ 굴종의 삶을 떨쳐라

나를 위한 기도

천사와도 비교할 수 없는 뛰어나신 예수님을 더욱 사랑하게 하시고, 크신 은혜로 다가오시는 주님을 더 깊고 넓게 알게 하소서.

공동체를 위한 기도

우리의 신앙 공동체를 향하여 말씀하시는 하나님의 음성에 귀를 기울이고 마지막 때에 흔들리지 않는 믿음으로 굳건하게 서가는 공동체가 되게 하소서.

전도대상을 위한 기도

하나님의 마음 알아가기

삶으로 실천하기

December
12/18
352

마태복음 요한계시록

히브리서 5~10장

율법의 완성이신 예수

Tong Point 예수님은 시공간의 한계를 지녔던 옛 언약을 완성하시고 새 언약의 주인이 되심으로써 이 땅의 모든 사람들을 구원하십니다.

찬양

구주 예수 의지함이
새 찬송가 542장 〈통 340장〉

하나님의 마음 보기

하나님께서는 유대인들이 절대시하는 레위 서열의 제사장보다 아브라함을 축복한 멜기세덱을 더 높이셨습니다(창 14:18-20). 그러므로 그 멜기세덱의 반차를 따른 예수님께서는 율법을 초월하고, 그 권위보다 높으신 분입니다. 이제 옛 언약인 율법으로 온전하게 되지 못하는 것이 새 언약인 예수 그리스도를 통해서 온전한 구원으로 완성됩니다. 예수님께서는 손으로 짓지 아니한 더 크고 온전한 장막, 즉 하늘의 성소에서 죄인들을 위하여 당신의 피를 속죄 제물로 단번에 드린 분이십니다. 예수님께서는 하나님께서 세우신 대제사장입니다. 이전의 대제사장들은 절기 때마다, 백성들의 요구가 있을 때마다 제사를 드렸으나, 예수님께서는 단 한 번에 온 인류의 죄를 속하는 제사를 드리셨습니다. 이는 모든 인간을 죄 가운데에서 완전하게 구원하시려는 하나님의 절대적인 사랑의 표현 방식이었습니다.

예수님께서는 십자가에서 고난을 받으신 후 부활하시어 구원의 주님이 되셨습니다. 예수님의 남은 고난을 자신의 몸에 채우는 이들에게는 예수님과 함께하는 부활의 영광이 주어질 것입니다. 예수님께서는 영원한 천국을 건설하시고 죄를 용서하는 길을 여신 분입니다.

각 장의 중요 Point

5장 _ 인내의 열매
6장 _ 인생의 숲보기
7장 _ 시대의 중심
8장 _ 타인을 위한 존재
9장 _ 단번에
10장 _ No Pains, No Gains

나를 위한 기도

십자가의 고통 중에도 온전히 순종함으로 구원의 통로가 되신 예수님의 모습을 본받아 오늘도 순종과 사랑의 삶을 실천하게 하소서.

공동체를 위한 기도

세상의 흑암 속에서 방황하는 이웃들에게 참된 생명의 빛을 드러내며, 새 언약을 기억하는 믿음의 공동체가 되게 하소서.

전도대상을 위한 기도

하나님의 마음 알아가기

삶으로 실천하기

December
12/19
353

마태복음 — 요한계시록

히브리서 11~13장

삶으로 증거되어야 할 이름, 예수

Tong Point 믿음의 조상들을 본받아, 예수님을 바라보며 잠시의 고난을 인내할 때, 의와 평강의 열매를 맺을 수 있습니다.

찬양

내 평생 소원 이것뿐
새 찬송가 450장 〈통 376장〉

하나님의 마음 보기

하나님의 말씀을 믿고 방주를 지어 가족을 구원한 노아, 갈 바를 알지 못하고도 유업으로 받을 땅을 찾아 나아간 아브라함, 출애굽한 백성들과 함께 믿음으로 홍해를 건넌 모세, 여리고 성을 7일 동안 돌았던 여호수아와 만나세대 등, 소중한 믿음의 증인들의 신앙은 오늘 우리에게도 귀한 모범으로 남아 있습니다. 그럼에도 불구하고 이 모든 믿음의 증인들을 모두 모아놓은 것보다 더 뛰어나신 분이 예수님입니다. 히브리서는 "우리가 믿는 도리의 사도이시며 대제사장이신 예수를 깊이 생각하라"(히 3:1)라고 기록하고 있습니다. 믿음이란 눈에 보이는 것만이 전부가 아니고, 그 뒤에 하나님의 계획과 섭리가 있다는 사실을 인정하는 것입니다.

히브리 기자는 배교의 유혹과 협박을 이겨내려 애쓰는 신앙인들에게 권면과 격려를 주는 이 긴 서신을 통해 견디기 어려운 고난의 끝에는 부활의 승리가 있을 것이라고 당부합니다. 그리고 부활의 승리를 기대하는 우리에게 예수 그리스도를 바라보며 끝까지 믿음의 경주를 하라고 당부합니다. 또한 하나님의 은혜에 이르는 화평함과 거룩함을 따르고, 형제를 사랑하며, 하나님의 말씀을 가르치던 자들의 믿음을 본받으라고 권면합니다.

각 장의 중요 Point

11장 _ 역사를 이끄는 힘
12장 _ 결정적 선언
13장 _ 뜻을 따라서

나를 위한 기도

보이지 않는 하나님의 약속을 붙들고 삶을 살았던 믿음의 선배들처럼 오늘 나의 삶을 하나님의 말씀 중심으로 살게 하소서.

공동체를 위한 기도

이 세상에 가치를 두지 않고 우리가 돌아갈 본향에 가치를 두고 서로 사랑하며 섬김으로 주를 기쁘시게 하는 공동체가 되게 하소서.

전도대상을 위한 기도

하나님의 마음 알아가기

삶으로 실천하기

December
12/20
354

마태복음 요한계시록

야고보서 1~5장

행함, 믿는 자의 움직임

Tong Point 야고보는 교회 안에 참된 이웃 사랑의 실천이 없음을 지적하면서, 행함 없는 믿음은 죽은 것이라고 강하게 교훈합니다.

찬양

주를 앙모하는 자
새 찬송가 354장 〈통 394장〉

하나님의 마음 보기

예수님의 동생 야고보는 초기교회 공동체에서 중요한 사역을 감당했습니다. 그리스도인들을 향한 로마 제국의 핍박이 점점 거세어 가자 야고보는 당시 초기교회의 책임 있는 지도자로서 성도들을 격려하기 위해 이 편지를 썼습니다.

야고보는 박해를 받고 시험을 당하고 있는 성도들에게 그 고난을 기쁘게 여기라고 말합니다. 많은 박해와 시련을 겪는 이들에게 하나님께서 생명의 면류관을 주시리라는 희망의 약속을 확인시켜주고 있습니다. 야고보서는 "행함이 없는 믿음은 죽은 것"(약 2:26)이라고까지 말하면서 믿음의 실천과 행동을 강조합니다. 이러한 내용은 깊이 살피지 않으면 로마서나 갈라디아서에서 말했던 '오직 믿음으로 구원을 받는다' 라는 말씀과 상반되는 것 같습니다. 그러나 성경 전체의 숲에서 보면 결코 그렇지 않습니다. 믿음과 행함은 동전의 양면과도 같은 것입니다. 왜냐하면 믿음이 행함과 함께 일하고, 행함으로 믿음이 온전하게 되기 때문입니다. 예수님께서 걸어가신 십자가의 길이 있듯, 그를 따르는 자들도 역시 삶의 구체적인 자취가 있어야 합니다. 말뿐인 섬김과 사랑은 이웃에게 도움이 될 수 없으며, 행함 없는 그리스도인은 이 세상을 향하여 빛도 향기도 낼 수 없기 때문입니다.

각 장의 중요 Point

1장 _ 경건하십니까?
2장 _ 진리
3장 _ 혀 길들이기
4장 _ 마음을 담는 그릇
5장 _ 건강한 교회 세우기

나를 위한 기도

가난한 자들, 연약한 자들을 먼저 돌보시고 품으셨던 예수님의 사랑을 기억하며 오늘도 믿음을 가지고 사랑을 실천하게 하소서.

공동체를 위한 기도

공동체 바깥의 소외된 이웃들에게도 사랑을 온전히 실천하여, 행함이 있는 믿음으로 세워져가는 공동체가 되게 하소서.

전도대상을 위한 기도

하나님의 마음 알아가기

삶으로 실천하기

December
12/21
355

마태복음 요한계시록

베드로전서 1~5장

소망의 반석

Tong Point 시험과 근심은 잠깐이지만 예수님께서 다시 오시는 날, 성도들에게 주어질 영광은 그 모든 괴로움을 넘어서는 영원한 것입니다.

찬양

큰 물결이 설레는 어둔 바다
새 찬송가 432장 <통 462장>

하나님의 마음 보기

A.D.64년, 네로 황제가 로마 대화재 사건의 책임을 그리스도인들에게 전가하면서 기독교 박해가 급속히 가중되었습니다. 이런 상황 속에서 베드로는 교회의 장래를 염려하며, 성도들에게 소망을 주기 위해 편지를 보냅니다. 베드로의 편지는 고난과 핍박을 견디고 있는 성도들에게 힘과 격려를 주는 글로 시작하고 있습니다. 미래에 대한 강한 소망과 비전이 있는 사람에게는 현재의 시련과 고난을 오히려 기쁨으로 감당할 수 있는 힘이 있습니다. 베드로는 이 사실을 강조하며 예수님 안에서의 소망을 이야기합니다. 시험과 근심은 잠깐이지만 예수님께서 다시 오시는 날, 그들에게 주어질 칭찬과 영광과 존귀는 그 모든 괴로움을 상쇄할 것이라고 말입니다.

무거운 핍박과 고난 속에서도, 베드로는 성도들에게 오히려 진심으로 기뻐하라고 말합니다. 시련의 기간은 그때가 지난 후에 있을 영원한 즐거움에 비교되지 않습니다. 또한 이 시련의 시간은 믿음을 평가하는 시험이자, 훈련의 과정입니다. 그리고 베드로는 주님 오시는 그날까지, 마음의 허리를 동이고 근신하며 거룩하게 살아야 한다고 당부합니다.

각 장의 중요 Point

1장 _ 그 날에는
2장 _ 세상 속으로
3장 _ 부부 십계명
4장 _ 동참
5장 _ 밀어주고 끌어주고

나를 위한 기도

신앙으로 인해 닥쳐오는 고난을 견디며, 나아가 고난을 기쁨과 감사함으로 받을 수 있는 수준 높은 성도가 되게 하소서.

공동체를 위한 기도

초기교회 성도들처럼 세상과 타협하지 않고, 여러 가지 시험과 시련을 잘 이겨내는 성숙한 공동체가 되기를 원합니다.

전도대상을 위한 기도

하나님의 마음 알아가기

삶으로 실천하기

December

12/22

356

마태복음 요한계시록

베드로후서 1~3장

거짓 교훈을 물리쳐라

Tong Point 많은 유혹에도 불구하고, 믿음을 놓지 않고 끝까지 의를 지키는 사람들에게 하나님께서는 영원한 승리를 약속하십니다.

찬양

천성을 향해 가는 성도들아
새 찬송가 359장 〈통 401장〉

하나님의 마음 보기

로마 제국으로부터 그리스도인들이 당하는 환난과 핍박이 가중되는 현실 속에서, 내부에서는 이단의 출현과 유대교로 다시 돌아가는 성도들이 생겨나는 등 초기교회가 많은 어려움에 봉착합니다. 베드로후서는 이 부분을 경계할 것을 당부하는 내용입니다. 출발은 기독교와 비슷한 것 같은데 끝이 다른 것, 즉 이단(異端)들에 관한 충고입니다.

이단들은 하나님의 말씀을 알려준다고 하면서 진리를 거짓으로 바꾸어 그럴듯하게 꾸미고, 그것이 마치 옳은 것처럼 가르치는 자들입니다. 성도들을 거짓으로 인도하는 그들의 가르침은 결국 진리 되신 주님께 대항하는 데까지 나아갑니다. 베드로는 그런 거짓 선생들의 가르침에 대해서 경고하고 있습니다. 또한 예수님께서 승천하시고 나서 얼마간의 시간이 지난 후, 교회에는 예수님의 사역을 의심하는 이들이 생겨나게 되었습니다. 그러나 베드로는 예수님의 사역과 십자가 죽음, 그리고 부활이 누군가가 거짓말로 만들어낸 이야기가 결코 아니라고 확실히 선언합니다. 베드로는 예수 그리스도의 구원 능력이 그분의 사역을 통해 확실하게 드러났기에, 그 누구도 그것을 부인할 수 없음을 계속 강조합니다.

각 장의 중요 Point

1장 _ 인생의 전환점
2장 _ 예외는 없다
3장 _ 잊지 마세요

나를 위한 기도

하나님의 사랑을 경험했던 것들을 생생히 기억하게 하시고 오늘도 그 경험과 말씀을 기초로 하여 승리하는 날이 되게 하소서.

공동체를 위한 기도

유혹을 이길 수 있는 힘은 오직 하나님의 약속을 기억하는 것임을 믿으며 끝까지 의를 지키는 사람들로 가득 채워지는 신앙 공동체가 되게 하소서.

전도대상을 위한 기도

하나님의 마음 알아가기

삶으로 실천하기

December
12/23
357

마태복음 — 요한계시록

유다서 1장

믿음을 위한 투쟁

Tong Point 유다는 그리스도인들이 예수님의 승리에 동참한다는 믿음 안에서, 의와 도를 지키기 위해 힘써 싸우라고 권면하고 있습니다.

찬양

주의 진리 위해 십자가 군기
새 찬송가 358장 〈통 400장〉

하나님의 마음 보기

예수님의 동생이 썼다고 알려진 유다서는 교회를 향한 박해가 심해지자 성도들 가운데 배교하는 이들이 생기는 영적 싸움의 현장 가운데에서 어떻게 믿음을 굳게 지킬 수 있는지를 교훈하는 귀한 말씀입니다. 로마의 황제 네로가 로마 대화재 사건의 방화범으로 기독교인들을 지목하고, 온갖 잔인한 방법으로 기독교인들을 사형에 처하자 초기교회는 큰 위기에 처했습니다. 그러자 배교자들이 생겨나고 더 나아가 이단들까지 교회를 흔들고 있는 상황에 이르렀습니다. 바로 이때 초기교회의 성도들이 복음을 위해 고난 받는 일을 믿음의 관점으로 바라볼 수 있도록 돕는 내용이 유다서에 들어 있습니다.

예수 그리스도의 부활 사건은 그를 믿는 모든 이들이 이미 승리하였다는 중요한 의미를 가지고 있습니다. 그러나 싸움이 완결된 것은 아니기에 서로의 격려와 기도가 필요하고 자신의 의지와 노력이 필요합니다. 유다는 믿음의 도를 지키기 위해 악한 세력과 힘써 싸우라고 권면합니다. 이 싸움은 믿음을 지키는 '선한 싸움'이기 때문입니다. 그렇지만 아무리 싸움이 치열해도 변하지 않는 사실은 모든 그리스도인들이 결국에는 예수 그리스도의 승리에 동참할 것이라는 사실입니다.

각 장의 중요 Point

1장 _ 마지막 승자

나를 위한 기도

오늘도 하나님께서 주시는 믿음의 도를 가지고 세상의 거짓된 영들을 향하여 담대히 승리를 선포하게 하소서.

공동체를 위한 기도

예수님의 승리에 동참하기 위해 믿음 안에서 의와 도를 지키며 선한 싸움을 힘써 싸우는 승리의 공동체가 되기를 원합니다.

전도대상을 위한 기도

하나님의 마음 알아가기

삶으로 실천하기

Worship

소그룹예배

예수님을 바라보는 우리

히브리서, 야고보서, 베드로전·후서, 유다서

기도로 예배를 시작합니다.

이 시간, 우리가 함께 모여 하나님께 드리는 이 예배를 기뻐 받아주시고, 예배드리는 가운데 하나님의 마음과 뜻을 깨달아 알 수 있도록 지혜를 주소서.

함께 **찬양**을 부르세요.

"환난과 핍박 중에도" 새 찬송가 336장 <통 383장>

성경을 **소리 내어** 함께 읽고 오늘 본문의 **통通 이야기**를 들려주세요.

* 히브리서 12장 1-3절

초기교회를 향한 로마의 핍박과 이단들의 공격 등으로 인해 신앙을 떠나고 유대교로 돌아가는 일들이 있었습니다. 이때 교회 지도자들은 성도들에게 믿음과 인내의 경주를 하며 예수 그리스도를 바라보자고 권면합니다. 십자가에 달리는 고통 중에도 끝까지 인내하신 예수 그리스도를 바라볼 때 우리 인생은 결국 승리합니다.

말씀을 통해 알 수 있는 **하나님의 마음**을 생각하며 함께 마음을 나눕니다.

* 세상에는 우리의 믿음을 시험하고 유혹하여 넘어뜨리려는 악한 영의 세력들이 있습니다. 어떻게 지난 세월 동안 승리하며 신앙을 지켜왔는지 서로의 인생을 나누어봅시다.

* 하나님께서 바라시는 믿음의 공동체는 예수 그리스도를 바라보는 분명한 목적을 가지고 있습니다. 당신은 믿음을 키우기 위해 어떤 노력을 기울이고 있습니까?

서로 **축복의 말**을 함께 나눕니다.

"예수님을 바라봄으로 날마다 승리하는 우리 공동체가 됩시다."

함께 기도하며, 연이어 주님이 가르쳐주신 기도로 예배를 마칩니다.

하나님의 크신 권능의 손길 안에서 날마다 보호받는 인생이 되기를 소망합니다. 오직 주님만을 바라보는 신앙으로 매일 승리하게 인도해주소서.

December
12/24
358

마태복음 요한계시록

요한일서 1~5장

하나님은 사랑이시다

Tong Point 이미 하나님의 사랑을 받아 그 사랑에 거하는 자로서, 진실하게 형제를 사랑하는 것이 그리스도인의 의로운 삶입니다.

찬양

하나님은 외아들을
새 찬송가 294장 〈통 416장〉

하나님의 마음 보기

요한은 예수님의 열두 제자 가운데 가장 나이 어린 제자였습니다. 그러나 이제 요한은 초기교회를 책임지는 중요한 위치에 있는 교회의 지도자였습니다. 요한의 편지에서 만날 수 있는 예수님께서는 세상의 생명이요, 빛이요, 사랑이십니다. 요한복음이 예수님께서 어떻게 세상의 빛으로 사셨는지를 보여준다면, 요한일서는 세상의 빛 되시는 예수님을 따르는 그리스도인들이 세상의 빛으로서 어떻게 삶을 살아가야 하는가를 말해주고 있습니다. 예수 그리스도, 그분은 모든 인생들의 생명이십니다. 요한은 이 진리를 들었고, 보았고, 손으로 만진 것처럼 체험했다고 말합니다. 그리고 그것을 증거하여 전한다고 반복하고 있습니다. 예수 그리스도, 그분은 빛이십니다. 그 누구도 그분 안에 거하지 않고 자기 스스로 빛을 발할 수는 없습니다. 하나님과 사귐이 있는 자는 빛 가운데 살아갈 수 있습니다.

요한일서는 하나님과의 사귐, 이웃과의 사귐을 중요하게 여기며, 이를 강조하고 있습니다. 요한은 신앙을 하나님과 사람과의 교제, 사람과 사람과의 교제라고 본 것입니다. 그리고 교제의 완성을 사랑이라고 말합니다. 이것은 예수님께서도 강조하셨던 '하나님 사랑과 이웃 사랑' 입니다.

각 장의 중요 Point

1장 _ 유일한 근원
2장 _ 새로운 시작
3장 _ 사랑하며 살아요
4장 _ 모든 이의 마음속에
5장 _ 승률 100%

나를 위한 기도

빛이요 사랑이신 하나님과 아름다운 사귐이 있는 하루가 되게 하시고 주님의 사랑을 이웃들과 더불어 나누게 하소서.

공동체를 위한 기도

교회 공동체 안에서 진실하게 사랑하고, 세상의 이웃들을 정성을 다해 섬기는 사랑과 섬김의 공동체가 되게 하소서.

전도대상을 위한 기도

하나님의 마음 알아가기

삶으로 실천하기

December 12/25

359

마태복음 요한계시록

요한이서 1장, 요한삼서 1장

사랑과 진리의 조화

Tong Point 요한은 예수님을 믿는 믿음으로써 모든 어두움의 일을 벗고, 선한 것을 본받으며, 사랑의 빛 가운데로 들어오라고 권면합니다.

찬양

찬송으로 보답할 수 없는
새 찬송가 40장 〈통 43장〉

하나님의 마음 보기

요한이서는 어떤 부녀와 그의 자녀들에게 보내는 개인적인 서신으로 보입니다. 그 당시 초기교회에는 영지주의자들의 가르침이 유행하여 그리스도인들을 넘어지게 하고 있었습니다. 그들은 예수님의 신성에 대하여 지나치게 강조한 나머지, 육체로 오신 예수님에 대해 중요하게 여기지 않는 자들이었습니다. 이미 택함을 받아 주의 자녀가 된 성도들은 바로 이런 거짓 가르침으로부터 자신을 지켜야 한다고 당부하는 내용이 바로 요한이서의 내용입니다.

요한삼서는 가이오에 대한 풍성한 축복으로 시작하고 있습니다. 당시 전도인들은 복음 전파를 위해 이곳저곳을 다니면서 많은 어려움을 겪어야 했습니다. 그런데 가이오는 자신의 집을 개방해서 전도인들이 오갈 때 초대하여 숙식을 제공하고, 정성껏 대접했습니다. 그 소식을 들은 사도 요한이 매우 기쁜 마음으로 가이오에게 편지를 쓴 것입니다. 사도 요한은 복음 전도자들의 아름다운 발길을 도운 가이오에게 "네 영혼이 잘됨 같이 네가 범사에 잘되고 강건하기를 내가 간구하노라"(요삼 1:2)라는 축복의 메시지를 전합니다. 초기교회 지도자 요한의 이러한 격려가 가이오를 더욱 주의 일로 이끌게 했음은 두말할 나위가 없을 것입니다.

각 장의 중요 Point

1장 _ 사랑과 공의
1장 _ 너를 향한 마음

나를 위한 기도

하나님의 택하심을 받은 자녀로서 오늘도 진리 안에서 행하여 주님께서 주시는 온전한 상을 기쁨으로 받게 하소서.

공동체를 위한 기도

우리 교회가 진리의 말씀 위에 굳게 서서 세상의 풍조와 적그리스도에게 미혹되지 않는 공동체가 되기를 원합니다.

전도대상을 위한 기도

하나님의 마음 알아가기

삶으로 실천하기

December

12/26

360

마태복음 — 요한계시록

요한계시록 1~3장

교회를 위한 성령의 권면

Tong Point 우리를 승리케 하시기 위해 역사하시는 성령의 권면, 인생과 교회들을 향한 책망조차도 하나님의 깊은 사랑의 선물입니다.

찬양

시온 성과 같은 교회
새 찬송가 210장 <통 245장>

하나님의 마음 보기

나이 지긋한 노인이 된 사도 요한도 로마 제국에 의해 마침내 밧모 섬에 유배되고 말았습니다. 하나님께서는 밧모 섬에 있는 사도 요한에게 "네가 본 것", "지금 있는 일", "장차 될 일"을 기록하라고 명하십니다. 당시 고난 가운데 있지만, 그럼에도 불구하고 이미 준비된 승리의 소식을 건네받은 요한에게 그 소식을 성도들에게 전하고 글로 남기라는 것입니다. 그 기록이 요한계시록입니다.

사도 요한은 하나님께 미리 받은 승리의 노래를 소아시아의 일곱 교회에 써서 보냅니다. 첫 번째 교회는 처음 사랑이 식어버린 에베소 교회입니다. 두 번째 교회는 생명의 면류관을 약속받은 서머나 교회입니다. 세 번째 교회는 니골라당의 교훈에 빠져버린 버가모 교회입니다. 네 번째 교회는 우상숭배와 부도덕을 허용한 두아디라 교회입니다. 다섯 번째 교회는 사데 교회입니다. 여섯 번째 교회는 말씀을 지키며 배반하지 않았던 빌라델비아 교회입니다. 일곱 번째 교회는 미지근한 상태에서 벗어나야 할 라오디게아 교회입니다. 성령께서는 우리가 승리할 수 있도록 칭찬과 책망으로 함께하고 계십니다. 책망조차도 사랑의 선물임을 알 수 있는 것, 이것이 바로 하나님의 마음을 헤아려보는 데에서 오는 행복입니다.

각 장의 중요 Point

1장 _ 유배지에서
2장 _ 일곱 가지 인생
3장 _ 환난에서 소망으로

나를 위한 기도

하나님의 계시의 말씀이 오늘 나의 삶을 밝게 비추게 하시고 그 말씀 안에서 흔들리지 않고 승리하게 하소서.

공동체를 위한 기도

하나님의 말씀을 읽고 듣고 지키는 것은 물론이요, 자녀들에게 생명의 말씀을 잘 가르침으로 신앙계승의 아름다운 꿈을 이뤄가는 공동체가 되게 하소서.

전도대상을 위한 기도

하나님의 마음 알아가기

삶으로 실천하기

December 12/27

361

마태복음 요한계시록

요한계시록 4~7장

오직 한 분을 위한 노래와 일곱 인

Tong Point 태초부터 지금까지 하나님의 보좌에는 찬양이 울려 퍼지고 있으며, 예수님은 공의로운 심판자가 되십니다.

찬양

주 예수 이름 높이어
새 찬송가 36장 〈통 36장〉

하나님의 마음 보기

하늘에서 요한에게 올라오라고 명하시는 음성이 들립니다. 요한은 성령에 감동되어 놀라운 장면을 보게 됩니다. 그리고 그때 본 하나님 보좌의 모습을 기록했습니다(계 4-5장). 요한이 본 하늘에는 십자가에서 죽으시고 부활하셔서 하늘로 올라가신 이가 보좌에 앉으셨고, 그 주변에는 네 생물과 이십사 장로들이 있습니다. 그들은 밤낮 쉬지 않고 하나님께 찬양을 드리고 있습니다.

보좌에 앉으신 하나님의 오른손에는 일곱 인으로 봉한 두루마리가 있습니다. 누가 그 두루마리를 펴고 인을 떼기에 합당하냐고 천사가 묻습니다. 책을 펴기에 합당한 자가 그 누구도 없자, 사도 요한이 웁니다. 그러자 장로 중의 한 사람이 "다윗의 뿌리가 이겼으니 그 두루마리와 그 일곱 인을 떼시리라"(계 5:5)라고 말합니다. 그 다윗의 뿌리는 바로 하나님의 어린 양 예수 그리스도이십니다. 요한계시록 6장부터는 사도 요한이 본 미래에 관한 환상들이 길게 이어지고 있습니다. 심판 날의 사건들이 연속해서 기록되다가 여섯째 봉인과 일곱째 봉인 사이에서는 하나님의 백성들의 모습이 그려지고 있습니다. 하나님의 천사들이 하나님의 백성들을 찾아 그들의 이마에 인을 찍기 위한 준비 작업이 한창입니다.

각 장의 중요 Point

4장 _ 동행
5장 _ 어린 양이 되어 이 땅에
6장 _ 다른 이름은 없네
7장 _ 사랑의 옹달샘

나를 위한 기도

온 만물 위에 계시는 어린 양 예수 그리스도께 영광과 찬송을 올려드리며 주님과 함께 동행하게 하소서.

공동체를 위한 기도

공의로운 심판자가 되시는 예수님을 신뢰하며, 심판의 때가 임하기 전에 모든 민족과 열방을 주께로 인도하는 사명의 공동체가 되게 하소서.

전도대상을 위한 기도

하나님의 마음 알아가기

삶으로 실천하기

December
12/28
362

마태복음 — 요한계시록

요한계시록 8~11장

일곱 나팔의 심판과 순교자들

Tong Point 준비된 일곱 천사가 각각 나팔을 불 때마다 재앙이 닥쳐오지만, 하나님께서는 당신의 택한 백성과 함께하십니다.

찬양

하나님의 나팔 소리
새 찬송가 180장 〈통 168장〉

하나님의 마음 보기

이어서 일곱째 인이 떼어질 때의 상황이 기록됩니다. 일곱째 인이 떼어지고 처음 반 시간은 폭풍 전야처럼 고요하기만 합니다. 일곱째 인은 일곱 나팔로 이어지고 준비된 일곱 천사가 일곱 개의 나팔을 붑니다. 일곱 천사가 각각 나팔을 불 때마다 세상에는 재앙이 닥쳐옵니다. 첫 번째 나팔을 부니 피가 섞인 우박과 불이 땅의 1/3을 태웁니다. 두 번째 나팔을 부니 바다의 1/3이 피가 됩니다. 세 번째 나팔을 부니 쓴 쑥이라는 이름의 별이 하늘에서 떨어져 물의 1/3이 쓰게 됩니다. 네 번째 나팔을 부니 해와 달 그리고 별의 1/3이 어두워져서 낮과 밤의 1/3이 빛이 없어집니다. 다섯 번째 나팔을 부니 하늘에서 떨어진 별 하나가 무저갱을 엽니다. 무저갱에서 올라온 황충은 사람을 해하는 권세를 받아, 인을 맞지 않은 사람들을 괴롭게 합니다. 여섯 번째 나팔을 부니 불, 연기, 유황의 재앙으로 사람의 1/3이 죽임을 당합니다.

요한계시록 10장은 마지막 일곱 번째 나팔이 울리기 직전에 있었던 일을 보여줍니다. 성도들이 가장 큰 박해를 받게 되는 그 순간, 하나님께서는 당신의 놀라운 역사를 성도들 앞에 펼쳐 보이시리라는 약속을 주십니다.

각 장의 중요 Point

8장 _ 공의로운 사랑
9장 _ 순종, 은혜의 통로
10장 _ 내가 진정 바라는 건…
11장 _ 희망의 불씨

나를 위한 기도

오늘도 내 삶 가운데 놀라운 역사를 베푸실 하나님을 기대하며 하나님의 권세로 승리하게 하소서.

공동체를 위한 기도

주홍같이 붉은 죄일지라도 주께 모두 자복하고 회개할 때 용서의 은혜가 충만히 임할 것을 믿는 믿음의 공동체가 되기를 원합니다.

전도대상을 위한 기도

하나님의 마음 알아가기

삶으로 실천하기

December 12/29

363

마태복음 — 요한계시록

요한계시록 12~15장

하나님의 역사와 위로

Tong Point 박해의 칼날 아래에서도 끝까지 믿음을 지키며 인내하는 성도들에게는 하나님의 위로와 의의 면류관이 약속되어 있습니다.

찬양

피난처 있으니
새 찬송가 70장 <통 79장>

하나님의 마음 보기

요한계시록 12장에는 하나님의 대적자들이 등장합니다. 용으로 대변되는 대적자들은 만국을 다스릴 아기를 훼방하기도 하고, 해산한 여인을 핍박하기도 합니다. 하나님께서는 천사들을 보내셔서 훼방자들을 하늘에서 땅으로 쫓아내십니다. 용으로부터 세상의 권세를 건네받은 짐승이 온 세상을 미혹시킵니다. 그 짐승은 사람들을 유혹하고, 때로는 힘으로 억압하며 땅에 남은 하나님의 사람들을 핍박할 것입니다. 그러나 세상의 모든 사람이 짐승의 권세 아래 놓여 그를 경배하고 따를 때에라도 하나님께서 택하신 사람들은 믿음을 지켜야 할 것입니다. 가시적인 정욕과 물질적인 탐욕의 유혹이 두드러지는 악한 시대 속에서도 믿음을 지키며 끝까지 인내하는 성도들에게는 참된 복이 주어질 것입니다.

요한계시록 15장에서 일곱 가지 대접에 담긴 마지막 일곱 가지 재앙이 시작되고 있습니다. 이 재앙을 마지막으로 하나님의 진노가 끝날 것입니다. 불의한 자에 대한 심판과 재앙이 깊어질수록 믿음으로 구원받은 하나님의 백성이 하나님을 찬양하는 소리 또한 높아집니다. 어떠한 환경 속에서도 믿음을 지키며 하나님의 이름을 높일 수 있는 자들이 하나님의 구원을 받은 그리스도인들입니다.

각 장의 중요 Point

12장 _ 대적자

13장 _ 은밀한 손길

14장 _ 하나님의 관심

15장 _ 찬양의 시대

나를 위한 기도

하나님께서 주시는 승리의 말씀으로 세상 유혹의 손길을 단호하게 물리치며 선한 열매 맺는 삶이 되게 하소서.

공동체를 위한 기도

교회를 향한 비난과 공격에도 흔들리지 않게 하시고 최후 승리 되신 예수 그리스도만을 바라보며 나아가는 공동체가 되게 하소서.

전도대상을 위한 기도

하나님의 마음 알아가기

삶으로 실천하기

December

12/30

364

마태복음 요한계시록

요한계시록 16~18장

공의로운 심판과 준비된 미래

Tong Point 하나님께서는 마지막 심판의 때에 온 세상을 공의와 정의로 심판하시며, 홀로 주권자이심을 나타내실 것입니다.

찬양

주 어느 때 다시 오실는지
새 찬송가 176장 <통 163장>

하나님의 마음 보기

일곱 봉인, 일곱 나팔을 지나 일곱 대접에 이를수록 심판에 따른 재앙은 점점 확대되고 있습니다. 이제 드디어 일곱 천사들이 하나님의 진노가 가득히 담긴 일곱 대접을 준비하여 차례로 땅에 쏟아놓습니다.

첫째 대접을 쏟으니 짐승의 표를 받은 사람들과 그 우상에게 경배한 자들에게 독종이 생깁니다. 둘째 대접을 쏟으니 바다의 모든 생물이 죽습니다. 셋째 대접을 쏟으니 강과 물 근원이 피가 되었습니다. 물을 차지한 천사는 "전에도 계셨고 지금도 계신 거룩하신 이여 이렇게 심판하시니 의로우시도다"(계 16:5)라고 말합니다. 넷째 대접을 쏟으니 해가 사람들을 태웁니다. 다섯째 대접을 쏟으니 사람들이 병과 종기로 신음하며 회개하지 않습니다. 여섯째 대접을 쏟으니 강물이 말라 동방에서 오는 왕들의 길이 예비됩니다. 그리고 일곱째 대접이 쏟아지기 전, 하나님을 대적하는 임금들이 모입니다. 일곱째 대접이 쏟아지니 큰 지진이 나고 큰 성 바벨론이 무너집니다. 여기에서 등장하는 바벨론은 하나님을 대적하는 모든 왕국을 의미한다고 볼 수 있습니다. 땅의 임금이 온 세상의 권세를 다 가진 것처럼 보이지만 그 역시 최후에는 하나님의 심판을 받는 대상이 될 뿐입니다.

각 장의 중요 Point

16장 _ 거대한 스케일
17장 _ 환난 가운데 핀 소망
18장 _ 무너지는 왕국

나를 위한 기도

오늘도 하나님께서 나의 삶 가운데 보여주시는 권능을 찬양케 하시며 하나님의 주권을 인정하게 하소서.

공동체를 위한 기도

하나님께서 마지막 심판의 때에 온 세상을 공의와 정의로 심판하실 것임을 믿고, 결코 흔들리지 않는 믿음의 공동체가 되게 하소서.

전도대상을 위한 기도

하나님의 마음 알아가기

삶으로 실천하기

Worship

소그룹예배

그리스도인의 승리

요한일 · 이 · 삼서, 요한계시록

기도로 예배를 시작합니다.

이 시간, 우리가 함께 모여 하나님께 드리는 이 예배를 기뻐 받아주시고, 예배드리는 가운데 하나님의 마음과 뜻을 깨달아 알 수 있도록 지혜를 주소서.

함께 **찬양**을 부르세요.

"저 높은 곳을 향하여" 새 찬송가 491장 〈통 543장〉

성경을 **소리 내어** 함께 읽고 오늘 본문의 **통通 이야기**를 들려주세요.

* 요한계시록 22장 10-21절

모든 것의 처음과 마지막이 되시며 생명의 주가 되시는 주님께서 이 땅의 아름다운 성도들과 교회들을 위하여 끝까지 승리하는 은혜를 주시며 동행하실 것입니다. 이 복된 승리와 사랑의 메시지를 마음에 품고서 날마다 귀한 믿음으로 살아가길 소망합니다.

말씀을 통해 알 수 있는 **하나님의 마음**을 생각하며 함께 마음을 나눕니다.

* 하나님께서는 이 땅의 그리스도인들이 승리의 삶을 살도록 은혜를 베푸십니다. 오늘도 우리 인생의 처음과 끝이 되실 주님을 찬양합니다.

* 하나님을 기대하며 기다리는 마음은 참으로 복된 마음입니다. 그 마음을 담아 매일 하나님의 말씀을 읽을 수 있도록 내년을 위한 계획을 세워봅시다.

서로 **축복의 말**을 함께 나눕니다.

"날마다 하나님의 말씀, 성경으로 승리하기를 바랍니다."

함께 기도하며, 연이어 주님이 가르쳐주신 기도로 예배를 마칩니다.

하나님의 도우심과 인도하심을 통해 날마다 우리를 승리의 길로 인도하시는 주님께 감사를 드립니다. 일평생 믿음으로 하나님 나라의 확장을 위해 충성하게 해주소서.

December 12/31

365

마태복음 요한계시록

요한계시록 19~22장

만물에 깃든 하나님의 기쁨

Tong Point 더 이상 눈물과 고통이 존재하지 않는 새 하늘과 새 땅에서 만물을 새롭게 하실 하나님과 거룩한 성도들이 함께합니다.

찬양

우리 모든 수고 끝나
새 찬송가 236장 〈통 223장〉

하나님의 마음 보기

사도 요한이 큰 음녀가 받을 심판과 큰 성 바벨론이 받을 심판을 보고 난 후(계 18장), 허다한 무리의 큰 음성 같은 것을 듣습니다. 또한 요한은 무저갱의 열쇠를 들고오는 천사를 봅니다. 하나님을 훼방하는 사탄은 무저갱에 던져져 천 년 동안 인봉될 것이요, 악의 근원이 사로잡힌 그때에 하나님의 백성들은 예수 그리스도와 더불어서 천 년 동안 왕 노릇할 것입니다. 또한 천 년이 흐르고 난 후 사탄은 불과 유황 못에 던져져 세세토록 괴로움을 받을 것입니다.

"내가 만물을 새롭게 하노라"(계 21:5). 오직 하나님 한 분만이 만물을 새롭게 하실 수 있습니다. 하나님께서 아름답게 지으신 작품인 새 예루살렘의 광경이 펼쳐집니다. 새 하늘과 새 땅이 눈부시게 빛납니다. 아름답고 거룩한 성 새 예루살렘이 보이고, 하나님과 어린 양의 보좌와 그 보좌에서 흘러나오는 생명수가 주는 풍요로움이 넘칩니다. 하나님을 사랑하는 마음으로 환난 속에서도 신앙의 절개를 지킨 사람들에게 하나님께서는 사망과 고통, 눈물과 아픔이 없는 새 나라를 선물로 주실 것입니다. 이 모든 것을 증거하신 이가 말씀하십니다. "내가 진실로 속히 오리라!" 우리는 기쁨으로 화답합니다. "아멘 주 예수여 오시옵소서!"(계 22:20).

각 장의 중요 Point

19장 _ 목적지
20장 _ 정의로운 통치
21장 _ 하나님의 약속은 반드시 이루어집니다
22장 _ 소망의 노래

나를 위한 기도

새 하늘과 새 땅을 여시며 다시 오실 주님을 기대하게 하시고 오늘도 나에게 주어진 신앙의 책무를 성실함으로 감당케 하소서.

공동체를 위한 기도

그리스도의 최후 심판을 믿고 삶으로 주님을 고백하며 새 하늘과 새 땅을 소망하는 복된 공동체가 되기를 원합니다.

전도대상을 위한 기도

하나님의 마음 알아가기

삶으로 실천하기

저자 조병호 박사

2004년 독일 신학사전 RGG[4]에 아티클 '세계기독학생선교운동(Studentische Missionsbewegung)' 을 기고
2006년 영국 왕립역사학회(Royal Historical Society)에 스피커로 초청
2006년 삶의 방법론이자 새로운 성경 읽기의 방식으로서 '통(通)' 방법론 최초 주창
2008년 한국 신학자 140인 서울선언 '성경을 통通한 재정향' 의 공동대표
2014년 '통通성경 포뮬라(Formula for TongBible)' 를 발표
2016년 통바이블칼리지 통通성경학교 인터넷 120강의 강사
2017년 독일 비텐베르크 2017 CONGRESS 스피커 '종교개혁 500주년기념'
2021년 미국 글로벌처치 디비니티스쿨 이사
2022년 미국 통독바이블 앱 론칭
2022년 미국 통바이블 네트워크 설립
2025년 그리스 아테네 제2 예루살렘 공의회 CONGRESS 스피커 '교회창립 2,000년 기념'

성경통독원 원장, 통독교회 담임목사
미국 드루대학교 객원교수, 글러벌처치 네트워크 서울 허브 대표

장로회신학대학교 신학과 (Th.B. 신학사)
장로회신학대학교 신학대학원 (M.Div. 교역학석사)
연세대학교 연합신학대학원 (Th.M. 조직신학, 신학석사)
영국 에딘버러대학교 대학원 (Th.M. 선교신학, 신학석사)
영국 버밍엄대학교 대학원 (Ph.D. 역사신학, 철학박사)

베스트셀러 《성경과 5대제국》 – 2011 한국기독교출판문화상 대상 수상
《성경통독》 – 2005 한국기독교출판문화상 최우수상 수상
《통하는 사도행전 30년》 – 2020 한국기독교출판문화상 우수상 수상
《통성경 길라잡이 지도자 지침서》 – 2022 한국기독교출판문화상 우수상 수상
주요저서 《성경통독 레시피》, 《통숲 주석 세트》(전 12권), 《제사장 나라 하나님 나라》,
《消失的帝國》(中國 團結出版社/성경과 5대제국 중국판), 《성경과 고대전쟁》,
《성경과 고대정치》, 《신구약 중간사》, 《성경통독과 통通신학》 등 100여 종
편찬 《큰글자 일년일독 통通독성경》, 《역사순 통通성경》

1년 1독 성경통독 (4)

초판 1쇄 발행 2015년 6월 10일
7쇄 발행 2025년 9월 15일

지은이 · 조병호
펴낸곳 · 도서출판 통독원
디자인 · 전민영

주 소 · 서울시 강남구 선릉로 806
전 화 · 02)525-7794 / 팩 스 · 02)587-7794
홈페이지 · www.tongbooks.com
등 록 · 제21-503호(1993.10.28)

ISBN 979-11-90540-72-8
979-11-90540-68-1 04230 (전 4권)

값 8,000원

성경통독이란?

통通박사 조병호

● 부분이 아닌 전체로 읽는 것

성경통독이란 성경 66권을 한 권으로 보고, 부분이 아닌 전체로 읽어 내려가는 것입니다. 이를테면 동양의 『삼국지』나 서양의 『로마제국 쇠망사』를 읽는다면, 순서대로 첫 권부터 마지막 권까지 전체를 다 읽어 내려가는 것처럼 말입니다.

성경 한 구절이 주는 메시지도 있고, 한 장이 주는 메시지도 있고, 성경의 각 권이 주는 메시지도 있지만, 성경 전체의 메시지가 있습니다. 매일 몇 절씩 묵상하는 방법으로는 성경 전체의 메시지를 찾기 어렵습니다. 또한 부분적으로 말씀을 접하는 방식으로 성경을 보면, 보는 부분은 계속 보게 되고, 보지 않던 부분은 계속 보지 않게 됩니다. 영의 양식인 성경을 편식하게 되는 것입니다. 신앙이 한쪽으로 치우치게 되면, 하나님의 마음을 바로 헤아릴 수 없습니다.

원래 '통독(通讀)'은 동양에서 배움과 지식연구의 과정 가운데 유용하게 사용하던 방법입니다. 예를 들어 '천자문(千字文)'이나 '사서삼경(四書三經)' 등의 경우, 책 전체를 여러 번 읽어가는 가운데 자연스럽게 직관(直觀, intuition)에 이를 수 있도록 가르쳤습니다. 이처럼 전체를 반복하여 읽는 것은 텍스트 전체의 큰 흐름을 파악하는 데에 가장 좋은 방법입니다.

이처럼 성경을 읽되, 부분이 아닌 전체로 읽는 것, 즉 66권 전체를 통째로 빠른 시간 내에 읽는 성경통독을 1번, 2번, 여러 번 반복하다 보면 성경에 대한 놀라운 직관이 생기는 것을 경험하게 됩니다. 이 성경통독을 통해, 하루에 5~10구절씩 묵상하는 방법으로 7~8년에 걸쳐 성경을 1번 읽는 것, 일주일에 한 번씩 주일 설교를 통해서 듣는 몇 구절의 말씀만으로 30년 넘게 신앙 생활하는 것과는 차원이 다른 **'말씀의 해일, 은혜의 쓰나미'를 경험하시게 될 것입니다.**

● 역사 순으로 재배열해서 읽는 것

성경통독이란 성경 66권을 역사 순서대로 읽는 것입니다. 지금 우리가 보고 있는 성경이 취하고 있는 주제별, 장르별 순서보다는 역사 순서를 따라 읽어가면서

각 부분이 전체 속에서 어떤 흐름 가운데 있는가를 생각하며 읽는 것이 중요합니다. 예를 들어, 구약의 한 권을 읽을 때에는 구약 전체 혹은 성경 전체를 염두에 두며 읽고, 한 장을 읽을 때에는 책 안, 혹은 앞장과 뒷장의 맥락을 고려하며 읽는 것입니다.

현재 우리가 보는 성경은 역사 순으로 편제된 측면이 있기도 하지만, 주로 장르별 편제를 따르고 있습니다. 율법서는 율법서대로 따로 모으고, 역사서는 역사서대로, 시가서는 시가서대로, 예언서는 예언서대로 한곳에 모아 놓은 것입니다. 그러므로 성경통독을 할 때에는 이 성경의 각 권들이 가진 저마다의 역사적인 순차성을 고려하여 역사 순으로 재배열하여 읽습니다.

역사의 주인이시자, 역사 속에서 세계를 경영하시는 분이 하나님이시기 때문에, 하나님의 역사 경영을 알기 위해서 성경을 역사 순으로 재배열하는 것입니다. 그렇게 되면 성경의 말씀이 역사 속에서 살아 숨쉬는 말씀으로 이해되기 시작하며, 오늘도 역사를 주관하시며 세계를 경영하시는 하나님을 만날 수 있습니다.

● 성경 전체에 흐르는 하나님의 마음을 읽는 것

성경통독은 하나님의 마음을 느끼는 것입니다. 단어, 구절, 문장, 문단, 결국 성경 66권을 읽어가는 동안, 성경 전체에 흐르는 하나님의 마음 또한 읽어가게 됩니다. 그리하여 성경은 펼칠 때마다 우리의 마음을 두근거리게 하는 '하나님의 러브레터'가 되는 것입니다.

성경통독은 지식만을 쌓기 위해 하는 것이 아니라, 하나님의 마음을 헤아리고 그분과 더 깊은 관계를 맺기 위해 하는 것입니다. 알아가는 것은 기본입니다. 알지 못하면 오해가 쌓입니다. 그러나 거기에서 멈추면 안 됩니다. 성경에 기록된 하나님의 사람들을 인격적으로 만나고, 그들의 삶을 배우고, 하나님의 마음을 헤아려 깨달아야 하는 것입니다.

성경은 우리의 믿음과 삶의 기준이 되는 하나님의 말씀인 동시에, 특정 시대와 상황을 살았던 사람들의 언어로 되어 있습니다. 성경을 통독하면서 바로 이 사실을 확인해가고, 하나님께서 오늘 우리를 통해 성경 말씀에 새로이 부여하시는 의미와 생명력을 파악할 수 있다면 이는 진정한 성경통독이 되는 것입니다.